現代語訳

蓮華面経

仁科龍 著

雄山閣

◎現代語訳　蓮華面経◎目次

現代語訳　蓮華面経　上・下巻

仁科　龍・訳

＊現代語訳の原典は、『大正新脩大蔵経』の本文に依った。

解題とその概要

ここに翻訳した『蓮華面経』上下二巻についてその概要を記してみる。経典はインドで成立した大乗仏教の経典で、むろん原典テキストは、サンスクリット語で書かれていたにちがいないが、残念ながら現在それは失われており、漢語に翻訳された一本があるのみである。異訳も別訳も存在しない。

これを翻訳したのは、インド・ガンダーラ地方出身の仏教僧・翻訳者で那連提耶舎《なれんだいやしゃ》(インド名・ナレーンドラヤシャス)である。その翻訳年時は、中国・隋の文帝三年、西暦五八四年にあたり、現在からおよそ千五百年ほど以前のことになる。この経典は『大蔵経』三八六にとられ、大乗修多羅蔵・涅槃部に編入されている。その間、今日に至るまで、白文の漢訳原典のまま読まれてきたと思われるが、これが国訳・漢文読み下し文として訳されたことはない。従って現代日本語訳としては、本書が最初のものである。

以下にこの経典の概要を記す。

涅槃部の経典がいずれも、釈迦の入滅に焦点をしぼって、いわばその生涯の最期の時の流れに沿って、情景・場面が設定されているが、この『蓮華面経』もそれと同様に、涅槃の三カ月前に視点がおかれている。そしてその終局は、クシーナガルのサーラ樹間の入滅である。

さて釈迦は、お弟子で常に身近で世話をつとめていたアーナンダを伴って、パーヴァー村にやってくる。そこで伝道の旅の疲れをとるため、近くを流れるアジタバッティ河に入って体を洗われた。そしてアーナンダに語りかけられた。如来の身体は、一切衆生の中にあって最尊最勝のものである。そして自身がこれから三カ月ののちに涅槃に入る決意をしたことも、再三再四告げられた。この功徳の宝である仏身をよく見、よく観察せよ、と。

そしてその入滅の後に、この世界がどのようになってゆくか、いわば未来の事に関する予見を語られる。

釈迦の涅槃を悲泣する梵天・帝釈をはじめとして、四天王、天龍八部衆、阿修羅から夜叉に至るありとあらゆる異界のものたちが、いかに嘆くか、その様相が語られる。

やがてインド全土を統一することになるアショーカ王の事跡が述べられ、仏の教えが、全世界に述べ伝えられる時がくることが予言される。

しかし釈迦の入滅を予告されたアーナンダは、地に倒れ、悲嘆のあまり身悶えして、釈迦に涅槃をとどまるように求めてやまない。このアーナンダの嘆きの一節は、他の類似の経典にはみられない、真情のあふれた描写で、確かにくり返し読むに値するものだろう。

やがてアーナンダの嘆きがひとしきり納まったのち、釈迦はさらなる深刻で、恐るべき未来記を語り出される。それは、和合が保たれるべきサンガ（教団）の内部から、破戒の者たちが現れて、邪見と傲慢と憎悪と殺害が表面化し、財と性的欲望と放逸に狂った多数の男女の比丘が、仏法を無残に破壊するであろうという。釈迦は仏としての神通力をもって、アーナンダにつぶさにその未来の地獄図を見せるのである。そしてそのことは、ここに予告された通りに、実際にその後の仏教の歴史を彩ることになる。

釈迦はしかしそれらを語り、自分を生んだ母マーヤーを讃え、父のシュッドーダナ王に感謝し、生長した王舎大城、生まれた地ルンビニー、マガダ国を、閻浮提《えんぶだい》を称え、この世界を、人がそこに生き暮らし、諸仏が出現する世界を愛してやまないと語る。そして足をはこばせてマガダ国の菩提樹の根元に座して、こののち十五日に涅槃する、とアーナンダに告げた。

──上巻──

涅槃を予告された釈迦のところには、毘沙門天をはじめとして、帝釈天や焔摩天、化楽天や梵天がお別れにやってきて、それぞれの思いを表明する。阿修羅も龍王も夜叉もみなその入滅を惜しむことばを仏に奉げる。

悲しむそれらを横目で見て、大いに歓喜し、こころ楽しんで、釈迦の死を望みけしかけ、嘲笑しているのは、魔王とその一族。彼らは、釈迦がこの世からいなくなること、釈迦の教えが破られること、涅槃でも入滅でも何でもいい、とにかく釈迦が死んでこの世から消えてくれさえすればいい。それが魔族の唯一の願いなのだ。〝何でいつまでも世間に住まっているのか。たのむからさっさと涅槃をされるがいい。〟とまで魔王はいう。

大梵天王に舌打ちされてたしなめられるが、魔王は平然としている。

ひき続く釈迦の予告こそ、この経典のタイトルにもとられた、歴史上にも名高い前世において蓮華面と称された人物の事跡である。そしてその内容はまさにその人物による仏教の大弾圧、北西インド・ガンダーラ滅亡の物語となる。

その人物の名はミヒラクラ。エフタル（フン族）の第二代の王である。彼はしかし、転生前には蓮華面という名でもよばれており、この名から彼が稀にみる美しい容貌の持ち主であり、容姿も輝くほどの偉丈夫だったようだ。頭脳鋭く、天文や占術にも精通していた、と経典には記述されている。そのフン族の王ミヒラクラによって、ガンダーラの仏教は徹底した弾圧を受け、寺院の破壊と比丘僧団の殺害が、無残を極めて行われた。（この歴史的事件こそが、仏教の末法思想を生みだした根本である、と諸研究者によって指摘されている）経典の作者も彼を許さず、阿鼻の大地獄に堕としている。

こうして仏教はガンダーラから、カシミールへとその中心が移ってゆく。

その後釈迦は最期の地、クシーナガルのサーラ林に至り、そこで最後の弟子スバドラを教化して、涅槃におもむくのである。


—下巻—

蓮華面経　上巻

隋*の天竺三蔵・*那連提耶舎《なれんだいやしゃ》訳す

［*は後掲「語句の解説」参照］

私はこのように聞いた。

ある時世尊は、*毘舎離《びしゃり》国の*獼猴池《みこうち》のほとりにある精舎《しょうじゃ》に滞在しておられた。そして如来はすでに、近い未来に涅槃《ねはん》する日があることを知っておられた。

時に仏はアーナンダに話された。

「これよりそなたとともに、*波波《ぱーぱー》村に行こう。そこに住まっている長者で、毘沙門徳《びしゃもんとく》という者が、私の説法をもとめているようだから。」

アーナンダは、仏に申しあげた。

「師のおっしゃるとおりにいたします。」と。そして仏に従って歩き出した。

村の近くに河があり、*跋提河《ばったいが》といった。そこにたどりつかれて、仏がアーナンダに言われた。

「私はここまで来れたが、ひどく疲れてしまった。この流れで沐浴して体を休めたい。」

そして世尊は身につけた大衣（*鬱多羅僧《うったらそう》）を脱いで河水に入られた。

そしてアーナンダに話された。

「そなたは、わが身が三十二相で荘厳された如来身であることを、その眼でよく観察しなさい。私はこの三カ月の後に涅槃するであろうから。」

そしてまた話された。

「そなたは、この如来の身体をその目でよくみるがよい。あの久遠の時を通じて、時に応じて花開く*優曇華《うどんげ》の花が、極めて稀《まれ》にしか見られないのと同様に、この仏身を見ることができるのは、その百千億倍もむずかしいことなのだ。この身も三カ月の後には涅槃し、再び見ることができなくなるだろう。」

そしてさらに話された。

「そなたは、この如来身をよく観察するがよい。美容師（*花鬘師《けまんし》）があらゆる種類の花を組み合わせて、見る人がこの上なくよろこぶ花飾りをつくるように、如来の体は、*三十二相・八十種好をもって荘厳され、*閻浮提《えんぶだい》でとれる黄金の輝きのごとく、まどかに輝いているのを見るがよい。この身も、三カ月の後に涅槃するであろう。」

そしてまた話された。

「そなたは、この如来の体をよく観察するがよい。かの三十三天の住まう地が、あまねく百宝で荘厳され、常にあらゆる楽の音《ね》と快楽に満たされ、その世界の素晴らしさをことごとく記すことがむずかしいように、この如来身のすべての相を話すことはできないのだ。この仏身も、三カ月の後には涅槃するであろう。」

そしてさらに話された。

「アーナンダよ、この如来身をよく観察するがよい。この身体は、かの日月の光明をもはるかに超えて、最尊最勝なのだ。このような身も、この後三カ月には涅槃するのだ。」

そしてさらにアーナンダに話された。

「たとえば、獅子が諸獣中の王であるごとく、また天帝釈《てんたいしゃく》のように、*大伊羅鉢《だいいらばち》象が諸象中の王であるごとく、仏身もまた大勢力あって、独《ひと》り歩き、畏れるものがないのだ。このような身も、三カ月の後には涅槃するであろう。そしてまたアーナンダよ、如来の色身は、一切の生きとし生きるものの中で、最尊最勝なのだ。この色身も、三カ月の後には涅槃するであろう。」

またアーナンダに話された。

「アーナンダよ、そなたはなおよく如来の身体を観察するがよい。この身は、四方を宝で飾られた*須弥山《しゅみせん》王の如くで、安定して不動なのだ。どこにもきずひとつない。力においては、*那《な》羅延《らえん》の百千万倍を超えていてくらべるものはない。しかしこの身も、三カ月の後には涅槃することになるのだ。

またアーナンダよ、如来身はありとあらゆる生けるものたちの中にあって、最尊最勝なのだ。しかしこの身も、三カ月の後には涅槃に入るだろう。

アーナンダよ、それは小千世界の如くである。千の日と月、千の須弥山、千の*弗于逮《ふつにたい》（東勝身州）、千の*瞿耶尼《くやに》、千の*鬱怛羅越《うったんらえつ》、千の閻浮提、千の*四天王、千の*三十三天、千の*帝釈天、千の*炎摩《えんま》天王《てんおう》、千の*兜率陀天《とそつだてん》、千の兜率陀天王、千の*化楽天《けらくてん》、千の化楽天王、千の*他化自在天《たけじざいてん》、千の他化自在天王、千の梵身天《ぼんしんてん》、千の*梵天王《ぼんてんおう》などの諸天が、この小千世界いっぱいに満ちあふれている。そしてみなが、如来の顔を見ようととりまいているが、それを見ることができない。なぜかというに、如来の顔から放たれる百千の電炎が、世間の光明にまさること百千万倍にもなるからなのだ。このようなわけで、帝釈天や大梵天などは、常に如来の光明の殊勝なことを讃歎している。しかしこのような身も、三カ月の後には、涅槃に入ることになるだろう。

アーナンダよ、このように思ってはならない。すなわちアーナンダよ、如来は貪・瞋・痴の三毒の煩悩をいまだ尽しておらず、そのために己身の自讃をされるのだ、と。如来の身は、貪・瞋・痴の三毒にふりまわされることなく、その習気《しつけ》も解脱してあますところがないのだ。如来は大威徳あり、そなたはその如来の生身に常に仕えてきてくれた。その因縁功徳は不可思議にして、無量無辺阿僧祇《*あそうぎ》の将来にまでおよぶであろう。

アーナンダよ、如来滅後の未来の衆生が、如来の砕身舎利を供養する功徳について、そなたに話してあげよう。」

そこでアーナンダは、偏袒右肩《へんだんうけん》し、右の膝を地に着け、合掌して仏に申しあげた。

「世尊よ、いままさにその時です。大徳・婆伽婆《*ばかば》よ、いまがまさにその時です。私のために、仏が涅槃されたのち、諸々の衆生が如来の砕身舎利を供養する因縁などのことを、お話し下さいますように。私はそれをお聞きして、至心に受持し、広く他の者たちに話そうと思います。」

仏はアーナンダに話された。

「そなたは、よくあきらかに聴くがよい。私はまさに告げよう。アーナンダよ、如来が涅槃する時には、金剛三昧《こんごうざんまい》に入るであろう。この肉身は砕けて、芥子《けし》のようになり、その一分が諸天に向かうことになる。帝釈天王および諸天子たちは、その舎利を見て、仏が涅槃されたことを知る。

天は、*曼荼羅華《まんだらけ》、摩訶《まか》曼荼羅華をふらせ、*曼殊沙華《まんじゅしゃか》・摩訶曼殊沙華を雨降らせて、舎利を供養し、仏身を見るごとく右回りに三度すすんで礼拝し、*阿耨多羅三藐三菩提《あのくたらさんみゃくさんぼだい》のこころを生ずる者があらわれるであろう。

同様に*声聞《しょうもん》の善根をうえる者、*辟支仏《びゃくしぶつ》の善根をうえる者などが生れるであろう。

ほかの舎利の一分は、龍王《りゅうおう》世界に向かうであろう。そこでは、娑伽羅《さから》龍王と無量の龍たちが、仏の舎利をみて、大いなる供養を行なうであろう。

すなわち、因陀羅宝《いんだらほう》、摩訶因陀羅宝、火殊宝、清水宝などの無量の諸宝でもって、砕身舎利を供養し、右回りにまわって礼拝するのだ。これらの龍たちは、それぞれが願をおこし、中には阿耨多羅三藐三菩提のこころをおこすもの、声聞菩提の願いをおこすもの、辟支仏菩提の願いをおこすものなどがあらわれるであろう。

また舎利の一分は、*夜叉《やしゃ》世界に向かうであろう。すると*毘沙門王《びしゃもんおう》および無量の大夜叉将たちは、砕身舎利をみて、いろいろの花を飾り、香をたき、灯明をつけ、音楽をかなでて礼拝合掌し、右回りにまわって舎利の供養を行なうであろう。そして、無上の大いなるさとりへむけて願をおこすもの、声聞の願をおこすもの、辟支仏の願をおこすものなどがあらわれるにちがいない。

ほかの舎利は、この閻浮提にとどまろう。やがてその後、*阿輸迦《あしょか》という名の王が世に出て、この閻浮提を統一することになる。

この王は、私の舎利を供養するために、全土に八万四千もの塔を建立し、そこに舎利を納めて供養するであろう。そしてこの閻浮提中に六万の諸王がみな同様に、砕身舎利の供養を行なうことになる。さまざまな花飾り、種々の香・灯明・音楽がささげられ、右回りに礼拝恭敬がなされよう。

そして、無上大菩提の善根をうえるもの、声聞の善根・辟支仏の善根がうえられ、家を捨てて出家するものもでるであろう。

彼らは仏法中にあって、清浄な信心をもち、鬢髪《びんぱつ》を剃除し、法服を身に着け、修業おこたりなく、煩悩を断じ尽して、みな般涅槃《はつねはん》を実現するにちがいない。

このようであるからアーナンダよ、如来は大威徳あって、その法身がこの生身に依ってある故に、生身を供養することの功徳は、無量無辺にして、量り知ることができないものなのである。」

時に如来はこのように考えられた。

「私はこの三阿僧祇劫におよぶ修行によって、仏法を確立した。この法を久しきにわたって世間にとどめておくため、まずは諸天・諸阿修羅《＊あしゅら》・諸龍・迦樓羅《かるら》・摩睺羅伽《まごらか》などの所住の世界へ往って、仏法を付属しよう。」と。

こうして如来は、この閻浮提から姿を没して、三十三天中に出現された。時に帝釈天は、世尊を見るや、高座を設け座具をととのえて、如来をお迎えした。そして申しあげた。

「世尊よ、願わくばこの御席におすわり下さいますように。」

世尊はこれをうけて、座にすわられた。帝釈天は、百千万の同族とともに、仏足を礼拝して一方の座にすわった。

仏が帝釈天に告げられた。

「そなたたちに知らせよう。私は久しからずして涅槃に入る。ここへきたのは、そなたたちにこの仏法を付属した上で、護持してほしいからなのだ。」このように仏は三たび話された。

帝釈天王は悲しみの涙で面をぬらし、やがて涙をおさめて、言葉を述べた。

「世尊よ、なぜそのように涅槃をいそがれるのか。世を照らす法眼が、永遠に失われてしまうではありませんか。仏の教え給うところ、わが力のおよぶ限り、護持し恭敬し供養いたします。如来がかつて兜率天《とそつてん》におられ、神《じん》を母胎に降された時、私は忉利多天《とうりたてん》衆とともども、あなたをお守りいたしました。またあなたがお生まれになられた時も、諸天衆とともにお守りいたしておりました。そしてあなたが菩提樹の下で、八千万億の摩軍を破り、阿耨多羅三藐三菩提のさとりを開かれた時にも、私は諸天衆とともに、あなたを守護しておりました。また、*波羅棕国《はらなこく》の*鹿野苑《ろくやおん》にて、あなたが五比丘に三転十二行*の法輪を転じられた時にも、天衆とともに、あなたを守護しておりました。いま、如来は涅槃におもむかれると言われますが、私にはそれをお止めする力がありません。全くの無力であります。」

時に世尊は、種々に説法され、帝釈天および諸天衆のこころを和らげられて、仏法を守護するようにと話された。

それから仏は天上界から没して、娑伽羅《さから》*龍王の王宮におもむかれた。

時に龍王は、如来が来られるのをみて、すぐに座所を用意し、仏はそこにすわられて、龍王に告げられた。

「龍王よ、私はいまそなたに知らせる。如来はこの先き久しからずして、涅槃に入るであろう。私はそなたに仏法を付属する。そなたは仏法を守り、断絶させてはならない。

龍王よ、そなたの世界には悪龍多く、長き世にわたって憎悪のこころをいだき、罪福の道理を知らない。悪を行ない、むやみと暴力をふるい、私の法を破壊しようとする。そのために、そなたに仏法の守護を付属するために、こうしてたずねてきたのだ。」

その時龍王は、悲しみのあまり涙で面をぬらし、やがて涙をおさめて仏に申しあげる。

「世尊よ、この諸龍たちは、盲目で知慧の眼をもっていないのです。そのためにいま、この畜生の世界に生まれてきたのです。仏が入滅されたら、龍世界は空しいものになってしまいます。われら命を捨てる時がきても、その先きどのような世界にゆくのか、全く知らないのです。

諸仏如来は、生きとし生きるものの宝であります。なぜいま、涅槃なさるのか。世間の眼が失なわれてしまうではないですか。」

時に世尊は、娑伽羅龍王に教えを示され、仏の教えを護ることを命じられた。それから、龍宮から姿を没して、徳叉迦《とくしゃか》龍王の王宮におもむかれた。

時に龍王は仏のために座を設け、そこに仏はすわられた。龍王は百万億の龍衆とともに、仏足を頂礼して、一方に座をとった。

仏が龍王に話される。

「そなたたちに知らせるが、如来は久しからずして涅槃に入るであろう。そこでそなたたちに、仏法を付属するためにきたのだ。至心にこれを守護せよ。」と。

時に龍王は、悲しみのあまり涙を流し、手でもってあふれる涙をぬぐって、仏に申しあげた。

「如来が滅度されるということは、世間の眼が失なわれることです。諸仏如来は、すべての人々の宝です。もし仏が涅槃されたら、私たちはどこへゆけばよいのか、わからなくなります。」

仏は、龍王に説法され、利益《りやく》ある教えを示されて、龍王をよろこばせた。そして次に、仏は黒色龍王の王宮におもむかれた。龍王は仏のために座を設け、仏はそこにすわられた。黒色龍王は、百万億の龍衆とともに、仏足をいただいて一方に座した。

仏は龍王に話された。

「そなたたちに知らせるが、如来は間もなく涅槃に入るであろう。そこでそなたたちに、仏法を付属するためにきたのだ。至心にこれを守護せよ。」と。

時に龍王は、悲しみのあまり涙を流し、手でもってあふれる涙をぬぐって、仏に申しあげた。

「如来が涅槃されるということは、世間の眼が滅するということです。諸仏如来は、一切の人々の宝です。もし仏が涅槃されたら、その後のわれらは、往き場がなくなります。」

そこで仏は種々に法を説かれ、利益ある教えを説かれて、彼らをよろこばせた。そして次に仏は、夜叉《やしゃ》世界におもむかれた。

時に毘沙門王《びしゃもんおう》は、仏のための座を設け、仏はそこにすわられた。毘沙門王は、百万億の夜叉衆とともに、仏足を頭にいただき、一方にすわった。また、毘留勒叉《びるろくしゃ》天王は、百万億の*鳩槃荼《くばんだ》衆とともに、仏足を頂礼して一方にすわった。また、毘留博叉《びるばくしゃ》天王も、百万億の諸龍衆とともに、仏足を頭にいただいて、一方の座についた。

また、提頭頼吒《だいずらた》天王も、百万億の*乾闥婆《げんだっぱ》衆とともに、仏足を頂礼して一方にすわった。

時に大夜叉将・般脂迦《はんしか》・般折羅《はんせら》・旃荼婆多耆利《せんだばたしり》・子摩跋多《しまばった》・摩尼跋多《まにばった》・富那跋多《ふなばった》などの一切の諸夜叉衆もまた、仏足をいただいて一方の座についた。

時に仏は、四天王および夜叉将・乾闥婆将・鳩槃荼将・諸龍将たちに話された。

「そなたたちに知らせよう。如来は遠からず涅槃をする。私は仏法をそなたたちに付属するためにきたのだ。どうかしっかりと守護してほしい。くり返して言っておくが、夜叉世界の中にも悪夜叉がおり、龍の国土の中にも悪龍たちがいる。これらのものたちは、そのこころに憎悪の念をいだき、罪福のあることを信ぜず、狂暴なふるまいにおよんで、私が三阿僧祇劫にわたる勤苦《ごんく》修業によって完成した、無上の仏法を破ろうとするだろう。そのために私は、そなたたちに仏法を守護することを願うためにきたのだ。」

時に四天王および夜叉将と龍将たちは、悲しみのあまり涙を流し、手でもってあふれる涙をぬぐって、仏に申しあげた。

「世尊よ、なぜそのようにいそいで涅槃されようとするのか。それはあまりに早すぎるではありませんか。いきなりあの＊摩伽羅《まから》魚に呑みこまれて死ぬようなことではないでしょうか。」

時に世尊は、種々に教え、利益ある話をされて彼らをよろこばせ、それらの世界から没して、閻浮提に戻ってこられた。

時に世尊は、このように思念された。

「わがなすべきことは、すべて終った。悪衆生には思いを改めさせた。この上は、安穏に寂滅涅槃に入ることができる。」と。

そこで仏は、アーナンダに告げられた。

「生死の迷妄は厭うべきものだ。わたしは近く涅槃に入るであろう。」と。

その時アーナンダは、大苦悩を生じ、涙で顔をぬらし、胸もとを鋭い矢で突き刺されたように、大地に倒れ、悶絶してころげまわった。そして言う。

「世尊よ、なぜそのように急いで涅槃におもむかれようとなさるのか。世間の眼が失われたら、私は誰と仏鉢をたもてばよいのか。扇を誰のかたわらにあって、あおげばよいのだろう。あの甘露の法を、誰とともに味わったらいいのか。また、誰に従ってともに歩いたらよいのか。もはや二度と再び、かの日月をも超えた円満なるお顔をみることができなくなるなどとは。思えば、尊者・舎利弗《しゃりほつ》などの大いなる智慧に輝いた人たちも、すでに世尊に先き立って涅槃しており、仏・世尊も間もなく涅槃におもむかれるという。

世間は冥闇に覆われ、智慧の眼が失なわれ、この須弥山世界が崩壊するのだろう。

［おお、そうなれば］仏の菩提樹も倒れ、法橋は渡るものが途絶え、煩悩の大海を渡す舟も沈み、法の灯が絶えてしまおう。

正法の日月まさに地に堕ち、解脱の門、いままさに閉じ、三悪道の門がかわって開けられることになるにちがいない。

三阿僧祇劫にわたって集められた仏宝が、永遠に失われてしまうのだろうか。」

その時に仏がアーナンダに言われた。

「アーナンダよ、そなたは深い悲しみに沈んではならない。そのように泣き叫ぶな。地に倒れて苦悶するな。なぜといって、世間でおこることは、何であれみな有為法であって、みな無常をまぬかれないのだから。失われず、壊れずに常住するものなどないのだ。」

世尊はそのように種々に説法され、教えを示され、利益とよろこびのあることを喩説されて、アーナンダのこころを和らげ、法を託されて、沈黙された。

そして世尊はこのように思念された。

「この［愛弟子］アーナンダは、深い悲嘆の矢がそのこころに突き刺さり、憂愁の思いに沈みこんでしまっている。彼にささった悲嘆の矢を抜かなければならない。」と。

そこでアーナンダに話された。

「そなたには、こののち、未来の世にどのようなことが起るか、話しておきたいと思う。というのも、私にはいま現にこの世界をみているように、未来に起ることも、ありありと見ることができるからなのだ。それについて、そなたに話しておこうと思う。」

そこでアーナンダは、右肩に上衣をかけ、右の膝を地に着け、仏にむかって合掌して、仏足を頭にいただいて、仏に申しあげた。

「大徳世尊よ、どうか私にお説きください。いままさにその時です。私はお聞きしたことをそのまま受持して、それを広く世に知らせようと思います。」

仏がアーナンダに告げられた。

「そのこころを集中して、しっかりと私の話すことをよく聴くがよい。アーナンダよ。未来の時には、多くの破戒の比丘があらわれるであろう。

その身に袈裟を着けたまま、諸方の城中や街を巡り歩き、村道を往来し、親や親類の家にも出入りする。彼《か》のものは比丘でもなく、俗ともいえない。妻のみならず妾をも養い、男児や女児を産み育て、中には娼婦の家に住む比丘や性的快楽を好む比丘尼とともに暮らす者までもあらわれよう。

またある比丘は、金銀を貯めこみ、商売に手を出して、金を手に入れて世渡りをする者もいる。人のために使い走りをして暮らす者、あるいは薬を手に入れ、それを売って生活する者もいる。博打《ばくち》に興じて渡世をしたり、占いをして金をとり、*死尸《しし》を起こすまじない・呪術で生活する者もいる。

怨みをいだく者にむけて、殺し屋をさしむける手引きをする者、他人を呪うまじないを行なったり、鬼神をさしむけ、多くの財物をとって生活する者もいる。中には、比丘が自ら殺生をかってでて、相手を殺害し、それとひきかえに金をとって暮らす者までもあらわれるのだ。

僧院に住む比丘にしても、信徒が供養のために奉納した金銭や品物などを、自分の個人的な費用として勝手に消費し、あるいは、内実には戒律を犯しているのに、うわべは行ないすました顔をして、信者の人たちの信施を平然と受けとる。たまに立派に戒律を守っている比丘がいても、ひどく物惜しみして、衣服飲食にしても、客僧がきてもまともに接待などしようともしない。同様に不破戒の比丘とはいっても、やはり出し惜しみのあまり、客僧があっても、房舎も座具も与えようともしない。このような比丘たちは、諸々の*檀越《だんおつ》の人たちが、礼拝供養して、僧院に多大な財貨を納めることがあっても、他の比丘がそれを納受しないように、ただ欲のために、自分で受け取ったりする。

また、本当はまださとりに至っていないにもかかわらず、偽わって羅漢《らかん》果を得たなどと詐称して、人からそう思われたいという者もいる。また、檀越から四事供養を受けることがあっても、実のところ何の徳があるわけでなし、ただただ欲の皮がつっぱっただけのなりゆきで、すべて生活のためだけのことで、仏道修行など全くつとめることなどないのだ。商売にはげんで利益を得ることを願い、修業そっちのけで、盗みを専らにして暮らす比丘もいる。また、象や馬、牛や羊を蓄養し、それらを売り買いして生活する者、さらには男女の奴婢を持ち、それをも売買したりする。ある比丘は、牛や羊を屠殺して生活の糧をえ、ある比丘は軍隊に入り、戦闘に参加して多くの人民を殺し、名誉と金銭を求めて生活する。あるいは、大家の壁をぶちぬいて、侵入して財物を盗み取り、それを売って生活する者だってあらわれよう。

また、専ら刼奪を専門にして、城や町や村落を攻撃し破壊して、生活する者。このような者たちは、仏塔を破壊し、宝物を盗み、そうした悪事をはたらいて暮らす者なのだ。

こうして彼らは、無量の地獄の因縁をみずから作り、その命終えるや、みな真逆様に地獄に堕ちて苦しみを受けるのだ。

アーナンダよ、こうしたことを譬えていえば、ここに獅子が命絶えその屍があるとしよう。すると、空をとぶものであれ、地をゆくものであれ、水に住むものであれ、陸のものであれ、いかなる生き物でも、あえてその獅子の屍を喰らうものはいない。

それを喰らうのは、死屍の身中から生れた、諸々の虫が、宿主であった獅子の死肉を喰らうのだ。

アーナンダよ、それと同じく、私の仏法をほかのものが破壊することはできない。わが法中の諸々の悪比丘が、毒の針をもってこれを刺すのだ。私が三阿僧祇劫の勤苦《ごんく》の修業をもって完成した仏法を。

アーナンダよ、例えば人あって大海に入るとしよう。多くの宝物をとり、それらの財宝が船上に置かれている。ところが大海を渡ろうとしたものの、その途中で船が沈んでしまうのだ。仏の正法もその宝船にたとえられよう。未来の世に、破戒の悪比丘たちが、ただ自分勝手な楽しみのために、種々の悪業をほしいままに行ない、そのために私の仏法の船を沈没させてしまって、すべてが失なわれてしまうようなものなのだ。

アーナンダよ、如来が涅槃に入ってのち、久しからずして法の乱れが起り、正法が破壊されてしまうであろう。その時には、多くの悪比丘たちが世にあらわれ、如来が證得した、煩悩を滅した、寂滅涅槃に不信の念をいだくのだ。世間の人はもちろんのこと、入涅槃者といわれる人たちでさえも、そうなのだ。

アーナンダよ、如来が證得した正法とは、修多羅《しゅたら》・祇夜《ぎや》・鞞迦曷羅《びかから》・迦陀《かだ》・憂陀那《うだな》・尼陀那《にだな》・阿波陀那《あばだな》・伊帝鼻利多伽《いていびりたか》・闍多迦《じゃたか》・裴富略《ひふりゃ》・阿浮陀達摩《あぶだだつま》・優波提舎《うばだいしゃ》の十二部経*がそれである。

これらを、悪比丘たちが破壊してしまうのだ。彼らは、勝手に文章を作りかえ、言辞を飾り、その他多くのことをほどこして、仏法をほろぼしてしまうのだ。」

アーナンダが仏に申しあげた。

「世尊よ、未来の時に、本当にそのような破戒の悪比丘などという者たちが、世に出てくるのでしょうか。」

仏が言われた。

「その通り、その通りなのだアーナンダよ。未来の世に、これらの多くの悪比丘があらわれて、法服を身に着け、鬚髪《しゅはつ》を剃り落した姿をとって、仏法を破るのだ。」

時にアーナンダは思いめぐらせた。

「これは、仏のお力で未来の出来事を私にみせて下さったのだ。神通力をもって、未来の世の悪比丘たちが、女性を側におき、その子どもたちを膝にのせて暮らしているなどの、多くのことがらなどが、見えるようにして下さったのにちがいない。種々の非法のことも。」と。

そしてこれらのことを見終って、アーナンダはこころに大きな恐怖を生じ、全身の毛が立って、仏に申しあげた。

「世尊よ、すみやかに涅槃におはいりください。いまがまさにその時です。未来のこのような諸々の悪事を見たからといって、それが何の役にたちましょうか。」

仏がアーナンダに話された。

「そなたはどのように思うか。如来が悪比丘たちの犯す悪業と、その悪しき結果を受けることを話したところで、誰がそれを理解するであろうか。」

アーナンダが仏に申しあげた。

「世尊よ、未来の世における悪比丘たちの悪しき業の数々と、その業の報いについて知っているのは、ただ如来だけであります。」

仏が言われた。

「善きかな、善きかなアーナンダよ。まことにそなたのいう通りだ。それを知っているのは、如来だけなのだ。ところでアーナンダよ、そなたはいま、如来が悪比丘たちに説法せず、涅槃に入らないのはなぜなのか、疑いの目で私を見ているのではないか。」

アーナンダは申しあげた。

「そのようなことはありません。」

仏が言われた。

「善きかな、善きかなアーナンダよ。そなたのいう通りだ。如来が悪比丘たちに説法しないというようなことは、実にはないのだ。

アーナンダよ、未来の世に、在家・白衣の多くの人たちが、天上の世界に生まれるであろう。また多くの出家の人たちが、地獄・餓鬼・畜生の三悪道に堕ちてゆくであろう。アーナンダよ、なされた善悪の業は、最後まで消えてなくなることはないのだ。

私は、はるかな過去の時、前世では商主であった。大海に船を出し、商いをして、多くの人たちの暮らしを支えた。一人の人を死なせてしまったことがあるが。

しかし、それらの業縁が私の成仏の縁となり、それのみでなくこの身が、*金鏘《きんしょう》の報を受けることにもなったのだ。」

時に、帝釈天王は三十三天衆とともに、いそいで仏の所に至り、仏足を頂礼して一方にすわった。

炎摩天王も、百万億の炎摩天衆とともに、仏の所に至り、仏足を頂礼して一方にすわった。

兜率陀天王も、百万億の删兜率陀天《さんとそつだてん》衆とともに、仏の所に至り、仏足を頂礼して一方にすわった。

化楽天王も、百万億の化楽天衆とともに、仏の所に至り、仏足を頂礼して一方にすわった。

他化自在天王も、百万億の他化自在天衆とともに、仏の所に至り、仏足を頂礼して一方にすわった。

時に、毘摩質多羅阿修羅王《びましつたらあしゅらおう》も、百万億の阿修羅衆とともに、仏の所に至り、仏足を頂礼して一方にすわった。

時に、婆伽羅龍王も、百万億の龍衆とともに、仏の所に至り、仏足を頂礼して一方にすわった。

このようにして、諸天・阿修羅・迦樓羅・乾闥婆・緊陀羅・摩睺羅迦などが、虚空一ぱいに満ちあふれ、広く十二由旬《ゆじゅん》にもおよぶほどであった。

そして仏は、アーナンダに話された。

「この道場にある菩提樹は、この世界にあって最勝殊妙のものである。過去の諸仏もみなここで、無上最高のさとりを得られたところであるからだ。未来の諸仏もまたここで、同様に無上にして最高のさとりを、得ることになるだろう。現にこの私も、ここで十八億の魔の軍勢を破って、最高のさとりを得ることができた。

アーナンダよ、私は久しからずして般涅槃《はつねはん》をするであろう。

アーナンダよ、*藍比尼園《るんびにえん》は最勝にして最妙のところだ。ここで如来は、最後身としての生をうけたところだから。そしてまたアーナンダよ、母の*摩耶《まや》は、大いなる福徳にめぐまれたお方だ。人中の宝であるわが身を産んだ女性だから。さらにアーナンダよ、父の*浄飯王《じょうぼん》も大いなる福徳をもたれたお方だ。一切衆生の宝の父であるからだ。

アーナンダよ、毘舎離城《びしゃりじょう》・*比嗜離国《びしりこく》は最勝にして最妙なる国土である。また、*王舎大城《おうしゃだいじょう》・*摩《ま》伽陀国《かだこく》もまたこの上なくすばらしい所だ。七*庵婆羅園《あんばらえん》もまたすばらしい。瞿耽摩若尼倶陀樹《ごたんまにゃくにぐだじゅ》もこの上なくすばらしい。

*斐曪多《ひらた》・豆曪多《ずらた》・豆曪尼《ずらに》もまたすばらしい憩いの場である。*力士生地《りきししょうち》はその昔、*転輪聖王《てんりんじょうおう》が宝冠をこの地に、安置した所でもあって、辟支仏の塔が建立されている。そこはまた、私の焚身が葬られることになる最勝妙地でもある。アーナンダよ、この閻浮提は、どこであろうと

もみな、この上なく好ましく思われる。そこで人々は命を受け、さまざまな楽しみを味わうのだから。だから私は、この地で涅槃をする。しかし、私が三阿僧祇劫におよぶ修行によって建立した法も、久しからずして滅するだろう。」

このように語られて、世尊はアーナンダを慰さめ、さとし、悲哀のトゲを抜いて、こころよろこばせて、教法を託された。

仏はアーナンダに言われた。

「これからそなたとともに、諸方に歩みをすすめよう。」と。

アーナンダは、如来の言をそのままに受けとめた。こうして世尊は、波波城《ぱぱじょう》にたどりつかれた。そこで度すべき人はことごとく教化され、さらに無量百億那由他の人々を教え導く旅を続けられた。そしてその願いはすべて成就され、アーナンダは常に仏のおそばに仕えていた。このようにして仏は、摩伽陀国《まかだこく》に至り着き、菩提樹の回りを六回めぐって、樹下に結加趺坐《けつかふざ》された。

仏はアーナンダに話された。

「アーナンダよ、如来はこれよりのち、十五日して涅槃に入るであろう。」と。

その時に、諸天・阿修羅・迦樓羅・乾闥婆・緊那羅・摩睺羅伽たちは、みな思いをめぐらせた。

「如来は間もなく、あと十五日したら涅槃に入られるという。われらみな、最後の礼拝をしよう。」と。

仏がアーナンダに話された。

「そなたは、このように思ってはならない。仏・世尊は、貪・瞋・痴の三毒があるのでこの閻浮提を讃嘆されたのではないか、と。

しかし、如来には、貪・瞋・痴の三毒はないのだ。この三界は、諸々の衆生が生まれてくる世界。特に三界中の欲界は、人々が三悪業をつくるところだ。人・天の業をつくるところなのだ。また、色界、無色界の業、非想非々想業をつくるものもあるだろう。」

これらのことを話されて、仏は座を起たれた。すると大地が六種に震動し、無量百千億那由他の諸天たちの、歎き叫ぶ声が虚空にあふれて、一つの声となった。

〝すべての生きとし生きる者たちの中にあって、かけがえのない宝が、間もなくまさに、涅槃されようとしている〟と。

―蓮華面経　上巻―

蓮華面経　下巻

隋の天竺三蔵・那連提耶舎《なれんだいやしゃ》訳す

世尊は、菩提樹の座所をはなれられた。

毘沙門王と百万億の夜叉衆は、ともに声をあげて悲しみ、流れおちる涙を手でもってぬぐい、偈《げ》をもって世尊に申しあげた。

如来のお姿ぞこの上なし
衆生を超えて無比の身なり
その荘厳なること殊特なるも
久しからずして滅度せんとは

時に帝釈天王と百千億の三十三天衆は、ともに声をあげて悲しみ、流れおちる涙を手でもってぬぐい、偈をもって世尊に申しあげた。

如来のお顔こそ円満に

その姿日と月にははるかに勝《まさ》り
人天一切の供養を受ける方
われらまた見上げるの日あるだろうか

時に須闍摩天王《すえんまてんおう》と百万億の須闍摩天衆は、ともに声をあげて悲しみ、流れおちる涙を手でもってぬぐい、偈をもって世尊に申しあげた。

その精進こそ人中の最雄猛
威力諸々の魔軍を破り
王家の中の獅子なるも
無上の道理に喰われてしまうのか

時に刪兜率陀天《さんとそつだてん》と百万億の刪兜率陀天衆はともに声をあげて悲しんで、あふれる涙手でぬぐい、偈をもって世尊に申しあげた。

見る者薬王を仰ぐごとく
世に現れし大灯明
その智慧の眼もほろびるか

　世界は再び闇のなか

時に化楽天王は、百万億の化楽天衆と、ともに声をあげて悲しんで、あふれる涙手でぬぐい、偈をもって世尊に申しあげた。

　おそれるものなき獅子の歩み
　円満なること月にもまさるそのお顔
　この世にてもはやなすべき事もなく
　めでたき姿永遠《とわ》にとどめて

時に魔王*と他化自在天王は、心に大歓喜をいだき、思い安穏にしてこの上なき快楽を味わって、百万億の他化自在天衆とともに、仏のおられる所にやってきて、仏に向かって合掌し、偈をもって仏に申しあげた。

　諸々の悪衆も調伏し尽し
　荒々しい恐怖も永遠に起ることなし
　なにゆえになお世にとどまるや
　如来よ願わくば速くに涅槃せよ

時に大梵天王は、魔王の言に怒って

「ちっ、これこれ魔王よ、やはりお前は、悪衆生の中にあって、悪《わる》の最たる者だな。諸仏如来は、この世界において、この上なき最高の宝であるのに、そのお方にむかってさっさと涅槃せよなどと、よくも言えたものだな。」

そう語って大梵天王は、百万億の諸梵天衆とともに、声をあげて悲しんで、流れる涙を手でぬぐい、偈をもって仏に申しあげた。

いまより未来に至るまで
梵天世界も天界も
如来を見ることなかるべし
輝く面《おもて》清浄に最上身のみ仏よ

時に毘摩質多羅阿修羅王《びまちつたらあしゅらおう》は、百万億の阿修羅衆とともに悲しみの声をあげ、流れる涙を手でぬぐい、偈をもって仏に申しあげた。

仏身の功徳限りなく
永遠《とわ》に尽きることぞなし

阿修羅その他の衆たちも
仏滅の後ぞ空しきや
時に娑伽羅《さから》龍王《りゅうおう》も、百万億の諸龍衆とともに、声をあげて悲しんで、流れる涙手でぬぐい、偈をもって仏に申しあげた。
象王千に満つるとも
如来の力にかなうまじ
かかる威力ある仏も
無常の道理に破られるのか
時に毘留勒叉天王《びるろくしゃてんおう》も、百万億の鳩槃荼《くばんだ》衆とともに、声をあげて悲しんで、流れる涙手でぬぐい、偈をもって仏に申しあげた。
南無大覚妙蓮華よ
清浄戒もて生まれしお方よ
無常の相を示さんと
いま寂滅におもむかれるのか

時に毘留博叉天王《びるばくしゃてんおう》も、百万億の諸龍衆とともに、声をあげて悲しんで、流れる涙手でぬぐい、偈をもって仏に申しあげた。

如来のお顔満月のごとく
智慧の光日輪のごとし
世に在ること久しからずして
無常の雲にのみこまれるのか

時に毘沙門天王は、百万億の諸夜叉衆とともに、声をあげて悲しんで、流れる涙手でぬぐい、偈をもって仏に申しあげた。

金色の仏身この上なく
荘厳の三十二相比類なし
されど無常の時いたり
聖者の肉身も破らるる

時に提頭頼吒天王《だいずらたてんおう》は、百万億の龍衆とともに、声をあげて悲しんで、流れる涙手でぬぐい、偈をもって仏に申しあげた。

仏身ははなだ稀有《けう》にして
三界中に比類なし
されど間もなく滅度して
無常の糸にてひかれゆくのか
時に大夜叉将、名は般脂迦《はんしか》、百万億の夜叉衆とともに、声をあげて悲しんで、流れる涙手で
ぬぐい、偈をもって仏に申しあげた。
仏の声妙なることは梵天を超え
迦陵頻伽《かりょうびんが》をもなおこえて
如来間もなく涅槃せば
二度と甘露の法聴けず
時に夜叉大将、名は般遮羅《ばんしゃら》、百万億の夜叉衆とともに、声をあげて悲しんで、流れる涙手で
ぬぐい、偈をもって仏に申しあげた。
世尊の金色光明身
功徳荘厳満月の面《おもて》

眉間の白毫殊特相
最後の帰命と礼拝す
時に大夜叉将・摩尼跋陀羅《まにばっだら》、百万億の夜叉衆とともに、声をあげて悲しんで、流れる涙手でぬぐい、偈をもって仏に申しあげた。
三十二相明らかに
八十種好の荘厳身
無常と名告る金剛主には
微塵《みじん》に砕かれるのか牟尼尊《むにそん》よ
時に大夜叉将・富那跋多《ふなばっだ》、百万億の夜叉衆とともに、声をあげて悲しんで、流れる涙手でぬぐい、偈をもって仏に申しあげた。
過去世の中の一切仏
未来に出られる諸世尊も
大力持てる師子王も
無常の獅子にはかなわぬか

時に大夜叉将・摩候利地迦《まいりじか》、百万億の夜叉衆とともに、声をあげて悲しんで、流れる涙手でぬぐい、偈をもって仏に申しあげた。

いまが仏を見る最後
再び会うことかなうまじ
千福輪の仏に捧ぐ最後の礼
その足跡も失なわれん

時に大夜叉将・佉陀羅迦《きゃだらか》、百万億の夜叉衆とともに、声をあげて悲しんで、流れる涙手でぬぐい、偈をもって仏に申しあげた。

おお何と悪しき無常の姿よ
世の一切を破壊して止まぬものよ
仏は衆生中の最高の宝なれど
一たび去れば永遠《とわ》に帰らず

時に大夜叉将・名は金毘羅《きんびら》というもの、百万億の夜叉衆とともに、声をあげて悲しんで、流れる涙手でぬぐい、偈をもって仏に申しあげた。

われ仏の菩提樹に礼拝す
持戒の徳もて大地に生《は》えたるもの
なれどいまや無常の斧鉞にて
根こそぎ切り倒されてしまうとは
時に大夜叉将・娑多姞利《さたきり》、百万億の夜叉衆とともに、声をあげて悲しんで、流れる涙手でぬぐい、偈をもって仏に申しあげた。
仏の眉間の白毫相
その輝きぞ月輪のごとし
清らのまなこは青蓮華
等しきものなし稀有にして
時に地神天は、百万億の夜叉衆とともに、声をあげて悲しんで、流れる涙手でぬぐい、偈をもって仏に申しあげた。
われはいま雄猛なる仏に
人中の最もすぐれたる仏に

衆生の中にて最上のお方に
大いなる聖者に帰命つかまつる
時に菩提樹天は、悲しみの涙を流し、手でもってそれをぬぐい、偈をもって仏に申しあげた。
ここにてかの魔王を破り
ここにて魔の眷属《けんぞく》を破れり
大いなる牟尼《むに》・聖者よ
無常という魔に破られるのか　ここで
時に祇林神は、悲しみの涙を流し、手でもってそれをぬぐい、偈をもって仏に申しあげた。
祇林の地空しく
竹林の精舎住む人なし
無常の深き穴残り
如来の姿永遠《とわ》に見ず
時に金剛密迹《こんごうみつしゃく》は、百万億の夜叉衆とともに、声をあげて悲しんで、流れる涙を手でもってぬぐい、偈をもって仏に申しあげた。

この上なき城の街
大いなる豊かなる大地
釈迦の一族みなあげて
いずこにゆかんとされるのか

時に監毘尼《るんびに》林神は、悲しみの涙を流し、手をもってそれをぬぐい、偈をもって仏に申しあげた。

浄飯国王《じょうぼんこくおう》すでに死し
摩耶夫人《まやぶにん》もいまはなし
いままた如来が涅槃せば
すべてが滅し跡かたもなし

時に迦毘羅城《かびらじょう》神、いそぎ仏のおられる所にかけつけて、声をあげて悲しんで、大地に倒れ身悶えして仏に申しあげた。

「如来よ、涅槃されるのは早すぎます。世尊よ、なぜそのように涅槃をいそがれるのですか。世間の目が失われてしまうではありませんか。」

そして偈をもって仏に申しあげた。

監毘尼園は仏出生の地
迦毘羅城は生長の城
知恵の眼もて世を照らした日々
もはや再び会える日の無きか

時に菩提樹神は、諸々の天と阿修羅・迦樓羅・緊陀羅・摩睺羅伽などとともに、虚空にあって大音を発し、悲痛のあまり泣き叫んで、仏に申しあげた。

「仏は生きとし生きるものの中にあって、最高最勝の宝にて、これに過ぎるものはありません。それなのに、間もなく涅槃されるなどとは。」

時に世尊は、梵音をもって、諸天・阿修羅・迦樓羅・乾闥婆・摩睺羅伽たちに話された。

「そのように泣き叫ぶな。理に合わぬことを言ってはならない。憂悩のあまり胸を打ち、迷悶してうろたえてはならない。この世に生を受けたからには、すべては因縁和合《いんねんわごう》した仮《かり》のものであるからには、無常の道理によって滅び、破壊されないものなど、この世界には一つとしてないのだ。」と。

こうして世尊は、諸天・阿修羅・迦樓羅・乾闥婆・摩睺羅伽たちに、種々の教えを示し、利益ある教えを語り、喜びを与えられた。彼らはみな教えを聞いてよろこび、諸天から摩睺羅伽にいたるまで、世尊のおられる所を右回りに三度まわって、それぞれの世界に帰って行った。

仏はアーナンダに話された。

「アーナンダよ、以前に阿波羅《あぱら》龍王《りゅうおう》のところで、*罽賓国《けいひんこく》の未来について語ったことがある。私が涅槃したあともその国は、平穏にして豊かに繁栄し、あたかも鬱怛羅越国《うったらえつこく》のようであろうと。仏法が盛んで多くの羅漢たちが集《つど》い住み、世界中の如来の弟子たちがみな、かの国に往くことを願うほどなのだ。

例えばその国は、かの天上の兜率天の世界のように思われる。如来の教法は、修多羅・祇夜・鞞迦曷羅那・伽他・優陀那・尼陀那・阿波陀那・伊帝鼻利多剣・伽闍多迦・裴富略・阿浮陀達摩・優波提舎を言う。

阿羅漢たちは、如来のこれら十二部経について、結集《けつじゅう》を行ない、広くもれなくそれについての諸論をつくり、かの罽賓国は、帝釈天の歓喜の園《その》のように思われるのであろう。

そして、頗羅堕逝《ぴんらだせい》や賓頭樓《ぴんずる》などの人たちもこの罽賓国に住み、国土は平和そのものだ。

仏の教法を守る阿羅漢もかの国に住まい、因陀羅摩那阿羅漢《いんだらまなあらかん》や白項阿羅漢《びゃっこうあらかん》などもいるであろう。そして如来の説かれた教法は、もれなく集められ、広くゆきわたって、人々はみな法をよろこぶのだ。アーナンダよ、このようにして彼の人たちは、私の涅槃後の法身《ほうしん》・最後身（法）を未来の世に、建立《こんりゅう》することになるのだ。

やがて、金毘羅などの五人の天子が罽賓国に生まれて、世に仏法をひろめ、大いなる供養が行なわれるであろう。そのような大会座《えざ》は、いまだかつて行なわれたことがなく、そうしたことが未来の罽賓国ではとり行なわれるであろう。

さてアーナンダよ、かの五人の天子が亡くなったのちに、*富蘭那外道《ふらんなげどう》の弟子で、*蓮華面《れんげめん》という者があらわれる。

この者は、聡明で知恵にめぐまれ、天文二十八宿や五星の占術によく通じていて、その身体は金色に輝いている。

これは大癡人《だいちにん》なのだが、かつて四人の阿羅漢を供養したことがあり、その時に、次のような誓願をたてたのだ。すなわち、未来の世に、かならず仏法を破壊しよう、と。そして四人の阿羅漢を供養した功徳で、世々にわたって端正な身を受け、その最後身として王家に生まれて、国王となった。その名を*寐吱曷羅倶邏《みひからぐら》という。

罽賓国《けいひんこく》の仏法を破壊するのは、彼である。

この大なる癡人は、私の仏鉢を破砕し、破壊し尽して、阿鼻《あび》の大地獄に堕ちてゆくであろう。この者が亡くなったのちに、七人の天子が捨身して順に引き継ぎ、罽賓国に生まれてくるであろう。そして再び、如来の正法を建立して、大いなる供養が行なわれることになる。アーナンダよ、仏鉢が破壊されたために、諸々の弟子が、浄戒を汚すような事態が起ってくるのだ。

仏法が破壊された最初のころは、諸々の比丘たちも、確かに清浄戒を犯してはいても、まだ智においては牛王の如く、よく外道《げどう》の者たちを破ることができる。しかし時を経てそれより後になると、諸比丘も清浄戒を破るだけでなく、好んで不善の業を行なうようになり、すすんで盗みをはたらいたり、田畑を耕して様々な植物などを栽培するようになって、むさぼるころが盛んになって、物を貯めこんだり、身を飾る衣服を求めるようになるのだ。そして、修多羅《たら》・毘尼《びに》・阿毘曇《あびどん》などの聖典を、つまらないものとして、目もくれなくなってしまうだろう。

このようにしてアーナンダよ、経論を読誦《どくじゅ》しておった智慧ある者たちも、ことごとくいなくなってしまうのだ。そうなれば、多くの比丘たちがみな、諂《へつら》い、たがいに嫉妬《しっと》し、あれこれと非法の事がらを行なうようになってしまい、あげくが、諸々の国王たちから厳しく処罰されることにもなろう。その国の人民も、その多くが傲慢《ごうまん》になり、十*の不善業を犯し、そうした悪業のために、大地から棘《とげ》のある毒草が生え、土砂・礫石ばかりの荒地が広がるにちがいない。

アーナンダよ、そうなればこの閻浮提は、五種の精味がその力と味を失なうだろう。すなわち、酥・油・塩・石蜜・蜜の味と養分が失なわれることから、人々はつけあがり、あらゆる悪・不善の業を行なうことになるだろう。そうした事態のあげく、仏鉢は北方にゆくことになるのだ。

北方の衆生たちは、仏の破鉢を見て、大いなる供養を行なうであろう。
種々の花をそなえ、塗香をたき、灯明を点《つ》け、華鬘《けまん》をもって飾り、音楽をかなでて、仏鉢の供養が行なわれよう。すると、阿耨多羅《あのくたら》三藐三《さんみゃくさん》菩提《ぼだい》の願いをおこす者があらわれ、あるいは声聞のこころをおこす者、辟支仏のこころをおこす者などがあらわれてくる。そしてかの破砕された仏鉢は、波羅鉢多国《はらばったこく》にもたらされよう。

その国の人たちは、破砕された仏鉢を見て、それを種々の花で飾り、末香・塗香などの香木をたき、灯明を点《つ》け、華鬘をおそなえして、音楽をかなでて、かの仏鉢を供養するのだ。そしてそこでも、この上なき最高のさとりに向けて発心する者、声聞のこころをおこす者、辟支仏のこころをおこす者などがあらわれてくるであろう。

アーナンダよ、このようなことは、あの破砕した仏鉢ではあっても、仏の力あるゆえに、そのような善根をうえる衆生たちが、生みだされてくるのだ。そして私の破砕された鉢はまた、自然にもとどうりにもどるのだ。

それから間もなくして仏鉢は、閻浮提から姿を没して、娑伽羅龍王の王宮におもむくであろう。ただそれが没する時には、七日七夜の間、この閻浮提は大いなる闇黒にとざされ、日と月の光がすべて失なわれ、大地が震動し、雷電が空中をはしり、大悪音がとどろきわたるだろう。突然に黒風起り、恐るべき怖畏の念が生じて、天・人・阿修羅・迦楼羅・乾闥婆・摩睺羅伽などの異類のものたちはみな、絶叫し、滝のごとくに涙を流すであろう。

アーナンダよ、このようにしてこの鉢が没する時は、如来の教法もまた、姿を消してしまうのだ。

時に魔王は、教法が滅したのを見て、大歓喜して、大いに安堵《あんど》して虚空中でこう言うであろう。「さあ、仏法は亡びたぞ。いい機会だ。衆生を教化し、さまざまな悪事をするようにしむけ、魔教をもって、城邑、村落に住む者どもが、互いに殺しあうようにしようではないか。」と。

そして魔王は、人々に悪業の限りをさせたあげく、生きながらに阿鼻地獄に堕ちてゆくことになるだろう。

時に娑伽羅龍王は、仏鉢を見て、種々の宝、因陀尼羅宝《いんだにらほう》・摩訶尼羅宝《まかにらほう》・火種宝・清水宝などの多くの宝をもって、大いなる供養を行なうであろう。それは七日にわたって行なわれ、諸龍みな右回りにまわって、礼拝供養がなされよう。そして無上の菩提心をおこす者あり、声聞のこころ、辟支仏のこころをおこす者たちがあらわれるにちがいないのだ。」

時に娑伽羅龍王は、手に鉢をさげて、偈をもって仏に申しあげた。

美しく飾られし所にて
手ずから種々の食物をとり
この仏鉢にてそれを受け
食べてそれを味わおうぞ

仏はアーナンダに話された。

「私の仏鉢は、娑伽羅龍王の王宮から没し、四天王の宮殿におもむくであろう。時に四天王は、毘留勒叉《びるろくしゃ》・毘留博叉《びるばくしゃ》・毘沙門・提頭頼吒《だいずらた》などとともに、七日七夜におよぶ大供養の席を設け、種々の花、種々の華鬘、種々の塗香がそなえられ、音楽が奏でられて、礼拝が行なわれる。そして諸天衆の中から、無上なる菩提心をおこす者、声聞のこころをおこす者、辟支仏のこころをおこす者などが、あらわれることになるだろう。」

時に、毘留勒・鳩槃荼《くばんだ》王らが、手に仏鉢をささげもち、偈をもって仏に申しあげる。

　如来のとられし最後食
　そはかの*鐵師子《てつじし》 *純陀《じゅんだ》の家
　その鉢多くの衆生度し
　かくして今はここにあり

仏はアーナンダに話された。

「私の鉢はこのようにして、七日の間供養を受けたのちに、四天王の王宮から没して、三十三天宮に出現することになるのだ。」と。

時に仏の母である摩耶夫人は、仏鉢を見て深く憂愁の念をいだかれ、苦悩されて、胸もとを箭《や》で射ぬかれたような、堪えがたい思いで地に倒れて、このようにいわれた。

「如来はなぜそんなにも、いそいで涅槃されるのか。修伽陀《すがた》はどうして、そんなにもいそいで滅度をとられるのか。世の智慧の眼が失なわれ、菩提樹も倒れてしまうではありませんか。

そうしたら須弥山が崩れおち、仏のさとりの灯火も消え、豊かな教えの泉も枯渇《こかつ》して、無常の魔の光で、蓮華の法もしおれてしまうのでしょうか。」

その時、仏の母なる摩耶夫人は、仏鉢を手でささげもち、一切の諸天・阿修羅・迦楼羅・乾闥婆・緊陀羅・摩睺羅伽たちに告げられた。

「諸々の天神たちよ、どうかこころひきしめて聴いて欲しい。これは釈迦如来が日常使っておられた鉢です。勇猛なることこの上なく、そのお顔は円満に輝いて日と月にもまさっていました。この鉢にその面影がうつし出されて見えるのです。

諸天よ、この鉢はかの王舎城にて、*尸利堀多《しりくった》の毒を食べた時に、仏が使っていたものです。

諸天よ、わが言うことを聞きたまえ。人中の雄猛最たる釈迦牟尼は、王舎城下の修摩伽陀《しゅまかだ》の家で、この鉢を用いて食をとられました。

諸天よ、わが言うことを聞きたまえ。如来は教化にあたり、優楼頻螺加葉《うるびんらかしょう》と大なる毒龍を化す時に、特にあの悪龍をこの鉢にとりこんだのでした。

諸天よ、わが言うことを聞きたまえ。裴連多国《ひれんたこく》では、四カ月を通して、この鉢で馬の食べる麦を受けました。

諸天よ、わが言うことを聞きたまえ。釈迦如来はこの鉢で、娑伽羅龍王宮でその食を受けられました。

諸天よ、わが言うことを聞きたまえ。釈迦如来は夏の四カ月の間、この鉢で私たちの食を受けられたものでありました。

諸天よ、わが言うことを聞きたまえ。釈迦如来はこの鉢で、*訶利鬼母《かりきも》の赤子を覆いかくして、必利監迦羅夜叉《ひつりかんからやしゃ》が悪心から人の血肉を食らう所業から守り、これを調伏したこともありました。」

時に仏の母なる摩耶夫人は、その手で鉢をささげもち、偈をとなえて言う。

　仏の願われる一切は
　この鉢にて受けられし
　その仏わが胎内にて宿り
　十の月日を満たされき

時に帝釈天王は、種々の天香・天花・天の栴檀香《せんだんこう》をもって、七日七夜大いなる供養をもようされ、右回りにまわって、礼拝供養をつとめた。そして諸天衆の中にあって、この上ない菩提心をおこすもの、声聞のこころをおこすもの、辟支仏のこころをおこすものなどがあらわれた。

時に帝釈天王は、その手で鉢をささげもち、偈をとなえていう。

殊勝なるかなこの鉢よ
衆生の智慧をよく保ち
仏身もまたそのごとく
あらゆる功徳成就せん

仏はアーナンダに話された。

「私のこの鉢は、七日ののちに三十三天から没して、焔摩天《えんまてん》の世界にゆくだろう。時に焔摩天王は、この鉢を見て、七日七夜にわたって種々の供養をするであろう。天の曼陀羅花《まんだらけ》を飾り、天の栴檀香をたき、いろいろな花をそなえ、さまざまな楽器を奏でて、仏鉢を右回りにまわって、礼拝供養がなされるのだ。そうして諸天の中では、この上ないさとりへ向かうこころをおこすもの、声聞のこころをおこすもの、辟支仏のこころをおこすものなどが、生みだされてくることになるであろう。」

時に焔摩天王は、手で鉢をささげもち、偈をとなえていう。

鉢を目にする十万億衆生
歓喜すること限りなし
よく功徳の果をむすぶ
牟尼《むに》の使い来たれかし

仏はアーナンダに話された。

「この鉢は、七日ののちに焔摩天から姿を消して、兜率陀天《とそつだてん》の世界にゆくであろう。そして兜率陀天王はこの鉢を見て、七日七夜にわたって、天の曼陀羅花・摩訶曼陀羅花をふらせ、種々の妙華、いろいろな香料をそなえ、さまざまな楽器を奏でて、大いなる供養が行なわれて、右回りにまわって礼拝されるであろう。」

時に天王は、鉢を手でささげもち、偈をとなえていう。

衆生たちの上下なく
仏は慈悲のこころもて
この鉢にて食を受く
仏の使いぞここにあり

仏はアーナンダに話された。

「私の鉢はこうして七日ののちに、兜率陀天を去って、化楽天《けらくてん》におもむくだろう。時に化楽天はこの鉢を見て、七日七夜の間、種々の天花・天香・天の音楽をもって、大いなる供養を行ない、右回りにまわって、供養の礼拝がなされるであろう。時に天衆の中に、無上の菩提心をおこすもの、声聞のこころをおこすもの、辟支仏のこころをおこすものなどがあらわれてくるにちがいない。」

時に化楽天王は、手でもって鉢をささげもち、偈をとなえていう。

　稀有《けう》なる大導師よ
　衆生を悲愍《ひみん》なされかし
　衆生を利益するためと
　鉢をここに来たらせり

仏はアーナンダに話された。

「アーナンダよ、諸天・阿修羅・迦楼羅・乾闥婆・緊那羅・摩睺羅伽などのものたちが、天の曼陀羅花、摩訶曼陀羅花および、いろいろな華、いろいろな香料、天の栴檀香、末香などで荘厳《しょうごん》し、鉢を供養したが、その後に私の鉢は、娑伽羅龍王の王宮に送られることになっているのだ。」

仏はまた、アーナンダに話された。

「この閻浮提と十方世界にある仏鉢と、仏舎利もまた、娑伽羅龍王の宮中に置かれることになる。

さらにこの仏鉢と仏舎利とは、未来世において、この地から没して、八万由旬《ゆじゅん》の世界をすぎて、金剛際に住することになろう。

アーナンダよ、私はいまそなたに話しておこう。未来世の衆生寿命八万四千歳の時になって、三十二相・八十種好をそなえた、応供・正遍智の弥勒如来《*みろくにょらい》があらわれよう。

その身は金色《こんじき》に輝き、まわり一面を光明で照らし、その声は大梵天のごとく、天の鼓《つづみ》の音のごとく、またかの迦陵頻伽《*かりょうびんが》の妙なる声のようである。その時に、私の鉢と舎利とは、金剛際を出て、閻浮提におられる弥勒仏のところへおもむくことになるのだ。

わが鉢と舎利とは、虚空にあって五色の光を放つであろう。青・黄・赤・白・頗梨《はり》などの色彩をもって。このようにアーナンダよ、五色の光は、一切の天界をも照らすだろう。

天に至れば、その光の中から声が発せられ、偈をもって説くであろう。
　諸行は無常なり
　一切法は無我なり
　涅槃は寂静《じゃくじょう》なり
　これ仏の三法印なり
その光明は地獄の底までとどき、そこで説かれる偈があって、次のようである。
　一切諸行は無常なり
　一切諸法は無我なり
　寂滅をもって涅槃となす
　これ仏説の三法印なり
さらにアーナンダよ、私の鉢と舎利とは、その放つ光明が十方世界に至り、その光の中から偈をもって、教えが説かれる。
　一切諸行は無常なり
　一切諸法は無我にして

寂滅せるは涅槃なり
これ仏説の三法印なり

アーナンダよ、このようにして私の鉢と舎利とは、十方世界に光明を放ち、仏の教化を行なうのだ。それらのことをなし終って、仏鉢も舎利も、もとのところに還るのだ。

虚空中に大光明を放ち、やがて大雲に覆われるであろう。

アーナンダよ、鉢と舎利とは、まことに希有なることをひき起すのだ。希有なる仏の神通によって、八十百億の衆生が阿羅漢のさとりを得《え》、千億の衆生が清らかな信心をおこして、剃髪して出家し、一万の衆生が阿耨多羅三藐三菩提のこころをおこし、不退転の位を得るにちがいない。

アーナンダよ、この鉢と舎利とは、このように多くの衆生を教化したうえで、弥勒仏の前にゆき、虚空中にとどまる。すると弥勒仏は、その手で鉢と舎利とをささげもって、諸天人・阿修羅・迦楼羅・乾闥婆・緊那羅・摩睺羅伽たちに話される。

〝そなたたち、よく知るがよい。この舎利と仏鉢とは、かの釈迦牟尼如来が、大いなる精進《しょうじん》によって、一切知の完成をみたさとりの香りがしみこんでいるものである。

そなたたちよ、こころせよ。かの釈迦牟尼如来は、百千億那由多《なゆた》の衆生を、涅槃界の住人とならせようがために、勇猛な精進によって智慧の完成をされた、大いなるお方なのだ。あの優曇花の花が開く時に出会うむずかしさの、百千億倍もの出来事なのだ。仏鉢と舎利が、ここに来たということは〟と。

無上のさとりをとられる弥勒は、この鉢と舎利のために、四基の宝塔を建立し、そこにこの鉢と舎利とを安置するであろう。

そのようにして、弥勒仏および諸天人・阿修羅・迦楼羅・乾闥婆・緊那羅・摩睺羅伽などのものたちは、供養の場を設け、この舎利塔を供養し、礼拝することになるのだ。」

仏はアーナンダに話された。

「如来は、供養をうけるにふさわしい、正しくさとりを得られたお方だ。その舎利も鉢も、大いなる功徳に満ちたものである。

アーナンダよ、そなたは如来の生身によく給侍してきた。そのことは、無量無辺不可思議阿僧祇の未来にまでおよんで、そなたにとって大いなる功徳となるであろう。」

時に仏は、アーナンダのために、未来のことについて話された。

「アーナンダよ、私はそなたとともに、多くの人たちのもとをたずね歩いてきた。アーナンダよ、如来は間もなく、七日を経て涅槃におもむくであろう。」

アーナンダが仏に申しあげる。

「世尊よ、おっしゃる通りにお受けいたします。」と。

このようにして仏とアーナンダとは、ともに諸国の城邑を旅されて、無量百千万億という数えきれない人々を、解脱にみちびかれた。そしてここに、鐵師子《てつじし》の子・純陀《じゅんだ》の家におもむかれ、そこでの食事が如来最後の食となったのである。

時に世尊は、食事を終えられて、偈をもって言われた。

　われいま最後の食を摂《と》れり
　鐵師子純陀の家にあって
　かくして受けたる人身を
　いまを最後と涅槃せん

このようにして、仏はアーナンダとともに、*拘尸那城《くしなじょう》にたどり着かれた。そしてそこに住まう仏弟子たちを、種々の手だてをもって教え、導びかれた。

やがて、*優波跋多那《うばばったな》の*娑羅双樹《さらそうじゅ》の間に足をとめられ、世尊は北に面を向けて、身を横たえられた。

その時に、*須跋多羅《すばったら》という者が仏のところをたずねて来た。世尊を頂礼して座し、仏は彼に法を説かれ、須跋多羅はその場で、阿羅漢のさとりを得ることができた。

―蓮華面経　下巻―

語句の解説

翻訳文中の主要な語句・字句に関して、最も一般的に理解されている通釈にならって解説したものである。経典自体が、原典としてのサンスクリット文が失なわれ、漢語訳一本だけが在るのみなので、細部の語句については、不詳な点があるのも、現時点ではやむを得ないものとするしかない。

翻訳者の那連提耶舎による漢語も、必ずしも同一に音写・音訳したともいえない訳語があるが、それらはそのままの訳語として訂正もしくは補字等はせずに、訳してある。

一部に、耶舎の翻訳に、意味の解らない、個所があるが、(前後に脱文あるいは接続のまちがいがあるのでは、と思われる部分)、現代訳では、達意的に対応してあるが、なお研究の余地があろうかと思われる。

《上巻》

●隋（10頁）――西暦五八一年〜六一八年。
●那連提耶舎（10頁）――ガンダーラに接したウディヤーナ出身の仏教僧・翻訳者。インド名ナレーンドラヤシャス。北斉から隋にかけて、大衆部の大乗経典多数を翻訳した。『蓮華面経』上下二巻は、隋の文帝の三年（西暦五八四年）の翻訳になる。
●毘舎離（10頁）――ヴァイシャーリーの音写。中インドにあった古国で、リッチャヴィ族が住まっていた。第二回目の経典の結集がこの地で行なわれた。『維摩経』の主人公・ヴィマラキールティは、この国の大富豪であった。
●獼猴池（10頁）――ヴァイシャーリー国の都城内で、アンバパーリー園の側にあった池。そのほとりにマルカタ精舎があり、園には多くの猿が住んでいた。獼猴池精舎ともいわれる。
●波波城（10頁）――パーヴァー村。
●跋提河（10頁）――アジタバッティ河。
●鬱多羅僧（11頁）――ウッタラーサンガの音写。

全身を覆う衣。大衣と訳される。

●優曇花（11頁）――ウドウンバラの音写。三千年に一度だけ花を開くとされる。霊瑞華とも訳される。転輪聖王が出現する時に花が開くともいわれる。仏教経典では、仏の世に出られるのに会うことが、いかにむずかしいか、の喩えとしてよく記述される。

●花鬘師（11頁）――いろいろな種類の花を組みあわせて、身の飾りを作る人。

●三十二相・八十種好（11頁）―三十二相は、仏および転輪聖王の身体的特長をかぞえていう。例えば、仏の足裏には千副輪（せんぷくりん）の相があるとか、全身から金色の光が放たれる、あるいはその身体が極だって端正であるなどと、三十二相があげられる。八十種好は、三十二相をさらに細かく分けて、仏が人間とは異なった特別に美しい姿をしていることをいう。

●閻浮提（11頁）――ジャンブードヴィーパの音写。須弥山（スメール山）の南に位置する四大州のひとつ。諸仏が出現するのは、この州だけであると考えられていた。それがやがてインド全体をあらわすことになり、この人間世界全体をも指していうことになった。

●大伊羅鉢象（12頁）――マハー・エラパットラの音写。諸象中の最強の象とされる。

●須弥山（13頁）――スメール山のこと。古代インドの宇宙説に出る山。そこは香木が茂り、中腹は四方を四天王が守護し、頂上は帝釈天を主に、三十三天の王宮がある。太陽と月とは、この中腹を回っていると考えられた。

●那羅延（13頁）――ナーラーヤナの音写。強大な力のある神で、インド神話で活躍する。仏教に取りいれられてからは、その守護神の一人となり、梵天またはビシュヌ神と同体とされる。

●弗于逮（13頁）――プールヴァヴィデーハの音写。須弥をとりまく四大州の一つで、東方の大州をさすと考えられている。一般には「東勝身州」と訳される。

●瞿耶尼（13頁）――ゴーダーニーヤの音写。須弥山の西にある大州の名。

●鬱怛羅越（13頁）――ウッタラクルの音写。
須弥山の北方に位置する大州の名。

●四天王（13頁）――須弥山の中腹に位置する四天の主で、仏法を護り、仏法に帰依する人たちを守る護法神。
東方・持国天　南方・増長天
西方・広目天　北方・多聞天

●三十三天（13頁）――トラーヤス・トウリンシャの訳。
須弥山の頂にある天。そこに住む天人の寿命は千年。頂きの四方に峰があって、各方には八人の天人がおり、頂上には一人の忉利天がいる。これらを合せて三十三天となる。

●帝釈天（13頁）――シャクラ・デーヴァーナム・インドラの音写。
もとはインド教の神で、インドラといった。梵天とともに、仏法守護の主神。その居城を喜見城といって、十二天の中の最高位。東方を守る。

●炎摩天（13頁）――ヤマラージャの音写。
閻魔王とも。地獄の主神であり、冥界の支配者とされる。インド教から仏教にとり入れられ、餓飢界の主、あるいは地蔵菩薩の化身ともいわれる。

●兜率陀天王（13頁）——トウシタの音訳。

かつて釈迦が修業された欲界六天の第四にあたる。現在は弥勒菩薩が説法しているとされる。

●化楽天（13頁）——ニルマーナラティの訳。

欲界六天の第五にあたる。ここに生まれたものたちは、自在に快楽を味わうことができる。この天界の一日一夜が、人間界の八百歳にあたり、化楽天の寿命は八千歳といわれる。

●他化自在天（13頁）——パラニルミタ・ヴァシャヴァルティンの訳。

欲界六天の第六にあたる。欲界の最高処で、大海をへだたること百二十八万由旬（ヨージャナ）、縦横八万由旬あって、大魔王の宮殿がここにある。

●梵天（13頁）——ブラフマーの音写。

インド哲学の概念としては、万有の根源をあらわす。ブラフマカーイカ（梵衆天）・ブラフマプローヒタ（梵輔天）・マハーブラフマン（大梵天）の三神があり、ブラフマーはその総称。

●阿僧祇（14頁）——アサンキヤの音写。

無数・無央数などと訳され、数値をあげて数えることができない時間をあらわす。

●娑伽婆（14頁）——バガヴァットの音写。
娑伽梵とも。諸仏の通称。
●曼陀羅華（15頁）——マンダーラヴァの音写。
ナス科の花の名。
●曼殊沙華（15頁）——マンジューシャカの音写。
日本では彼岸花として知られる。
●阿耨多羅三藐三菩提（15頁）—アヌッタラ・サムヤク・サンボーディの音写。
最高にして無上な仏のさとりをいう。阿耨菩提とも略称する。無上正等覚、正覚などとも訳
される。
●声聞（15頁）——シュラーヴァカの訳。
釈迦の直接の説法を聞いた仏弟子たちのこと。のちには、仏法の四諦（苦・集・滅・道）を観じ、
自身が阿羅漢になることを理想とする修行者のことをいう。
●辟支仏（15頁）——プラティエーカ・ブッダの音写。
縁覚、独覚とも訳される。無仏の世にあって、独り自ら修業してさとりをひらく人たちのこと。

●夜叉（15頁）――ヤクシャの音写。
天夜叉・地夜叉・虚空夜叉の三類があって、仏教にとり入れられてからは、毘沙門天の配下になり、仏法を守護するものとなった。

〈仏法守護の八部衆〉

天・龍・夜叉・乾闥婆・阿修羅・迦楼羅・緊那羅・摩睺羅伽など。
●毘沙門（15頁）――ヴァイシュラヴァナの音写。
夜叉・羅刹《らせつ》の二鬼を配下にもち、北方の守護と世の人に福徳を与えることを役目としている。常に仏の説法の場を守って、その法を聞くから、多聞天ともいわれる。

〈仏法守護の四天王〉

提頭頼吒天王・毘留勒叉天王・毘留博叉天王・毘沙門天王
●阿輸迦（16頁）――アショーカの音写。
中インド・マウリア王朝の第三代の王。チャンドラグプタの孫で、ビンドゥサーラ王の子。即位後仏教に帰依したが、九年目にカリンガ国を征服した時、戦争の惨禍を目にしていっそう帰仏の念を強くし、その後は慈悲にもとずく治政を行なったといわれる。即位十七年に、首都パータリプトラに仏教の長老たち千人を集め、第三回目となる経典の結集《けつじゅう》を行なった。使節をインド全土からヨーロッパの広い地域におくって、法による支配を説いた。また全土に宝塔を建て、仏の教えと王勅をきざんだ。アショーカ王の石柱といわれるものが発掘されている（現在十本ある）。

●阿修羅（17頁）——アスラの音写。天龍八部衆のひとり。もとは善神であったが、帝釈天（インドラ）とあらそうことがあってから、悪神とされた。のち仏教にとり入れられてその守護にあたることになった。

●波羅棕（18頁）——バーラーナシーの音写。バーラーナシー国またはカーシー国とも。中インドの古国で、首都は現在のベナレス。綿花の産地として知られ、〈カーシーの衣〉として愛好された。

●鹿野苑（18頁）——ムリガダーヴァの訳。中インド・バーラーナシーにあった林苑。釈迦がさとりをひらいたのち、五人の仲間に最初の説法をした所。いわゆる初転法輪の地。

●三転（18頁）——三転法輪のこと。釈迦が三段階にわけてさとりの内容を説いたこと。

●龍王（18頁）――八大龍王は次の通り。
難陀龍王・跋難陀龍王・娑伽羅龍王・和修吉龍王・徳叉迦龍王・阿那娑達多龍王・摩耶斯龍王・優鉢羅龍王。いずれも仏法守護の異類。
●鳩槃荼（21頁）――クンバーンダの音写。
人の精気をくらう鬼類。
●乾闥婆（21頁）――ガンダルヴァの音写。
帝釈天の雅楽を司る神の名。酒肉をくらわず、ただ香だけを食べるという。
●摩竭（伽）羅（22頁）――マカラの音写。
大海中に住む超巨大な魚形の動物。
●死尸（26頁）――死んだ肉体。死体。
●檀越（26頁）――ダーナパティの音写。
施主のこと。諸僧、教団に衣食などの布施をする信者。わが国でいういわゆる檀家のこと。
●十二部経（29頁）――経典の叙述の形式や内容から、十二種類に分類したもの。
①修多羅（スートラ）：お経。

②祇夜（ゲーヤ）：散文で書かれた教説を、さらに詩型で重ねて表現したもの。応頌と訳される。
③韓迦曷羅（ヴィヤーカラナ）：仏弟子の未来に関する証言などを内容としたもの。記別と訳される。
④迦陀（ガーター）：初めから詩で説かれた教説。諷頌と訳される。
⑤憂陀那（ウダーナ）：他からの質問に応じて答えるのではなく、すすんで教説を述べたもの。自説、もしくは無問自説と訳される。
⑥尼陀那（ニダーナ）：経や戒律を説く由来・因縁を記したもの。因縁と訳される。
⑦阿波陀那（アヴァダーナ）：譬えなどで教意を説いたもの。譬喩と訳される。
⑧伊帝鼻利多伽（イティヴリッタカ）：仏または弟子たちの、前世における行為などを語ったもの。本生と訳される。
⑨闍多迦（ジャータカ）：仏が前世に行なった修業の物語。本生と訳される。
⑩裴富略（ヴァーイプリヤ）：広大な深意を特に語ったもの。方広と訳される。
⑪阿浮陀達摩（アドブタダルマ）：仏の功徳の不思議や神秘を語ったもの・希法と訳される。
⑫優波提舍（ウパデーシャ）：経典に説かれた教えについて、論議・解説したもの。論議と訳

される。
●金鏘之報（31頁）——鏘《しょう》は、すぐれて栄えること。その身が大いに盛えること。
●藍比尼園（33頁）——ルンビニの音写。
中インド・カピラヴァストゥにあった林苑で、釈迦の誕生の地。現在はネパール領。
●摩（麻）耶（33頁）——マハーマーヤーの音写。
カピラヴァストゥの王・シュッドーダナの妃。釈迦の生母。釈迦を出産してから七日目に亡くなったと伝えられる。
●浄飯王（33頁）——シュッドーダナの訳語。
釈迦の父。子も孫もみな仏弟子となり、自身も深く仏に帰依して、仏とその弟子たちに見守られて、七十六歳で世を去ったといわれる。（一説では九十七歳とも）。
●比嗜離国（33頁）——毘舎離と同じ。
●王舎大城（33頁）——ラージャグリハの訳。
中インド・マガダ国の首都。現在のビハール地方のラージギルにあたる。マガダ国の首都はのちに、アショーカ王によってパータリプトラに移された。

●摩伽陀国（33頁）――マガダの音写。古代インド十六大国の一つ。現在のパトナにあたり、ブッダガヤーがその中心となる。

●庵婆羅樹（33頁）――アンラの音写。マンゴー樹のこと。

●裴曬多・豆曬多・豆曬尼（33頁）――いずれも原音不詳。鳥の名か。

●力士生地（33頁）――マッラ族の居住地。クシナガラの地。釈迦入涅槃の地。

●転輪聖王（33頁）――チャクラヴァルティ・ラージャの訳語。理想的な世界の支配者。身には仏と同じく三十二の秀れた相をもち、この王が即位する時は、天から輪宝という宝物を得て、これを転じて四方を征服する。空中を飛行するものを飛行皇帝という。正しい法によってあまねく世界を統治する理想の皇帝のこと。

《下巻》

●魔王（38頁）――マーラの音写。魔衆の王。仏の浄土に対する魔界の支配者。悪魔。欲界第六天の主。パーピーヤス（波旬）

を主長として、一族は魔軍、魔人という。釈迦がさとりに向かう時に、魔族・魔女を指揮して、これをさまたげようとしたが、目的を達することができなかった。釈迦の入滅の時は、これを歓んだとされる。

般脂迦《はんしか》・般遮羅《はんしゃら》・摩尼跋陀羅《まにばっだら》・富那跋陀《ふなばっだ》・摩偯利地迦《まいりちか》・佉陀羅迦《きゃだらか》・娑多姞利《ばだぎり》などの夜叉の衆族。サンスクリットの原音については、原典テキストが失なわれているので詳らかには解らない。

●罽賓国（49頁）——北インドの古国の名。ガンダーラあるいはカシミールをさす。中国の六朝時代頃までは、ガンダーラの国名とされ、中唐以降はカシミールをさすとされる。紀元百二十年ころに、カニシカ王が首都をプルシャプラにおき、その後大乗仏教の論師・哲学者が輩出して、仏教の興隆をみた。プルシャプラは現在のペシャワール市にあたる。『蓮華面経』に出る罽賓国は、ガンダーラをさしていると考えられる。

●富蘭那（50頁）——プーラナ・カーシャパの音写。人名。六師外道といわれる古代インドの哲学者・思想家のひとり。因果を否定し、存在する一切のものはみな、虚空のごとく生滅することもなく、善悪の業報もない、と主張した。

●蓮華面（50頁）——パドマ・ムカーの訳。
人名。ガンダーラにおける仏教弾圧の主謀者として著名な歴史上の人物の前世にある時の名。この上ない美男子といわれ、天文や占術に精通した偉丈夫であった。
●寐吱曷羅倶邏（50頁）——ミヒラクラの音写。
人名。フン族の第二代の王。ガンダーラの仏教を弾圧し、滅亡させたことで、史書にも残るよく知られた王。
●十不善業（52頁）——十悪に同じ。身・口・意がおかす十種の罪悪をいう。
①殺生：生きものの命をうばう。
②偸盗：他人のものを盗む。
③邪淫：他人の妻と性的関係をもつ。
④妄語：根拠のない嘘をつく。
⑤綺語：誠意のない奇妙なことをいう。
⑥悪口：他人の悪口をいう。
⑦両舌：二枚舌、虚言をもてあそぶ。

⑧貪欲・欲望がコントロールできない。
⑨瞋恚・はげしい憎悪をいだく。
⑩邪見・強いて間違った見解をとってそれに固執する。

●鐵師子（55頁）——金銀などの細工職人。または、鍛冶工とも訳される。

●純陀（55頁）——チュンダの音写。
人名。パーヴァー村に住む金銀細工人。釈迦に最後の食を接待した人として知られる。

●尸利堀多毒食（56頁）——釈迦が金銀細工人のチュンダの供養をうけた時、その食事の材料にスーカラ・マッダヴァというキノコがあって、そのキノコの中毒から激しい腹痛がおこった、と解されている。しかしそこに出るスーカラ・マッダヴァという食材が、正確には何をさすのかに関して、諸研究者間に見解の相違があって、定説はない。トリュフのような高級なキノコとも、あるいはやわらかい豚肉とも考えられており、いまだ不明とされる。この字句はサンスクリット原文にはなく、パーリ語の一部の経典だけに出るもので、何という原語を音写したのかも不明である。

●訶利鬼母（57頁）——ハーリティの音写。

いわゆる鬼子母神のこと。幼児を喰う恐ろしい鬼神として人々から忌みきらわれていたが、釈迦の教えに出会ってからは、仏法の守護・幼児の守り神となった。

●弥勒（61頁）——マイトレーヤの音写。
釈迦の涅槃ののち、五十六億七千万年の時を経てこの世界に出現することになっている未来仏。

●迦陵頻伽（61頁）——カーラヴィンカの音写。
ヒマラヤに住む鳥ともいわれ、または極楽浄土にいる鳥とも。好声、妙声、美音で鳴くとされる。

●拘尸那城（65頁）——クシーナガル、またはクシーナーガリーの音写。
釈迦が入滅した地。マッラ族の都城。

●優波跋多那（66頁）——ウパヴァッタナの音写。
クシーナガル市の東にあった憩いの園。

●娑羅双樹（66頁）——ヤマカ・サーラーの訳。
二本並んだサーラ樹のこと。釈迦はここに横たわって涅槃された。

●須跋多羅（66頁）――スバドラの音写。釈迦の最後の弟子。

解説

経典のテキストについて

『蓮華面経』上下二巻は、わが国の仏教経典の一大集成である『大正新脩大蔵経』に、大乗修多羅蔵の集録ナンバー三八六番に入っている。他の多くの大乗仏典がそうであるように、本経もサンスクリット本文が失なわれており、中国語訳のテキスト一本があるだけである。漢語に翻訳したのは、インド・ガンダーラ地方出身の仏教僧で、名をナレーンドラヤシャス（中国名・那連提耶舎）という。中国隋の文帝三年、西暦五八四年の訳業である。

漢訳経典にはよくあることで、一つの経典でも時代と訳者を違えて、いわゆる異訳または別訳といわれるものがあり、原典テキストの増広あるいは縮字省略などによる異本が存在する場合があるが、『蓮華面経』の場合は異訳も別訳もない。耶舎訳が唯一のものである。そしてまた、この経典のサンスクリット原典のタイトルは、何というのか、これも不明であるが、専門学者の人たちによる復原されたタイトルとして『パドマ・ムカー・スートラ』と仮りに考えられるとされている。原典がないから、これ以上のことは解らない。

漢語訳原典は、すべて白文で、いわゆる日本語読みに便利なように、返り点や読み順を付した記号などはなく、翻訳にはいささか手間がかかった。ただ現代日本語訳ということから、場合によっては意訳して、意味が解り易くなるようにと心がけた所もある。

しかしそれでも、どのように訳したらよいのか、前後のつながりから意味不明な個所が一カ所あって、これはよく解らない。

例えば、漢語訳文で次のようなもの、

「我於過去曽作商主。入於大海活多人故手殺一人。以是業縁乃至成仏。」

この「手殺一人」がそれである。これは、「この手で、一人の人を、殺した」としか訳せないと思うが、そうなると、なぜそれが成仏の業縁となるのか。ジャータカ（本生）の物語にそのような話があるのだろうか。力《ちから》不足にてご教示たまわりたい個所である。

意訳した訳文は、本文を見ていただきたい。

翻訳者・那連提耶舎のこと

彼の事跡のことは、唐の西明寺沙門、釈道宣《どうせん》（五九六―六六七）の手になる『続高僧伝』巻二、訳経篇の最初に記述されている。

生まれは、北インド、ガンダーラとカシミールとの中間地点で、ウディヤーナの地といわれる。生まれた年次はわからないが、その生涯には二説あって、七十二歳説と百歳説が説かれているが、どちらが正しいのかは現時点でも不詳である。ただ歿年は、門皇九年（五八九）八月二十九日と明確のようである。

いずれにしても、『蓮華面経』の成立に関して重要な要素となるので、これについては項目を立てて後述する。

その伝記によれば「（耶）舎、年十七にして発意して出家す。たずねて名師に値《あ》って、つぶさに正教を聞く。二十有一にして、受具の篇を得、諸々の宿老に聞いて、仏の景迹を歎ず。」とある。つまり、十七歳の時に出家し、名の知られた仏教の師といわれた人たちのもとに足をはこび、その教えるところをつぶさに学んだ。二十一歳の時に正式な戒律を受け、教説と出家修行者として必要な物などを与えられ、先輩の比丘僧らに教えられて、諸方の仏跡をめぐって、その想いを深めていった。そして、釈迦が使用されていた仏鉢がどこそこの国にあると聞けばそこをたずね、また釈迦の頂骨や歯などがまつられていればそこをたずねして、熱心に巡礼していとわなかった、という。

「耶舍、北の方雪山に背いて、南のかた、獅子をきわめて、聖迹を歴覧す。」とあるから、彼はインドの南北をくまなく歩き、海をへだてた獅子国、すなわち現在のスリランカまでも巡歴していたようである。釈迦の説法の地である竹林精舎にも、およそ十年ほどを住まった。その後北斉の文宣帝の天保七年（五五六）、都城に入っている。北斉朝において、手厚く待遇され、帝室に集録されていた千箱に余る経典の翻訳の任にあたっている。

文宣帝は仏法を尊崇すること厚く、自ら梵本（サンスクリットの経典）を礼拝し、群臣に語っていうには、「これすなわち三宝の洪基《こうき》なり。ゆえに我れ偏《ひと》えに敬す。」つまり、この梵語の仏典こそ、仏の教えのこの上ない根本のものである、だから私はこれをひたすらに大切にしている、と語っている。

耶舎は、都の天平寺に居を与えられ、国中の秀れた学僧たちを指導しながら、ひたすらに経典の漢語訳に従事している。

彼は昭玄統という高位の僧官として、多大の祿を受けたが、一切私用することなく、道路を補修したり、みずから公共のための井戸を掘り、水を漉《こ》して人々に分け与え、病人のための男女別の治療の家屋を建てるなど、いわゆる福祉活動も熱心に行なった。

彼が文宣帝の都城に来たのは、四十歳の時だと書かれている。彼がどのような事情があって、はるかなる中国にやってきたのか、つぶさには知り得ない。しかし、これも後に考えてみるが、おそらくは、故国をはなれることになった何らかの理由があったにちがいない。みずから故国を後にしたのか、あるいはよほど特殊な事態が起って、やむを得ず国を出たのか。興味ある点である。

北斉にあって、経典の翻訳にあたっていた時に、おそるべき事件が起る。

北周に武帝が立って、戦乱の世が現出し、ために北斉は侵攻を受けて、滅亡するという悲劇がおそいかかってきた。「周武の法難」ともいわれる、中国史上の仏教の大弾圧である。仏像が焼かれ、経典が破られ焼き捨てられ、寺院に火が放たれ、僧尼の多くが殺害または追放された。そして建徳六年（五七七）北斉は滅亡してしまう。それから四年の間、耶舎は、「外に俗服を仮りて、内に三衣《さんね》をおそい、地を東西に避けて、寧息《ねいそく》するに遑《いとま》あらず。」の歳月をすごすことになる。

出家者としての衣の上に、俗人の衣服を着て変装し、弾圧の追跡の手をのがれるために、西に東に逃げかくれして、ひと時も気持ちの安らぐことがなかった、というから、命がけの日々をすごしていたことがうかがえる。

彼の容姿は怪異で、風貌異形これ以上目立つことない程の、身長二メートルを超えたインド僧だと伝えられている。

その後、隋の全国統一が実現する時になって、耶舎は開皇二年（五八二）に、隋朝に招かれ、翻訳三蔵として尊崇を受け、都の大興善寺を居所として、経典の翻訳を続けることができるようになった。

耶舎が翻訳した経典は、本書のテーマである『蓮華面経』上下二巻をはじめ、『日蔵経』十巻、『月蔵経』十巻、『須弥蔵経』二巻、『月燈三昧経』十巻、など十六部八十巻以上もの多くにおよぶ。耶舎は、開皇九年（五八九）八月二十九日に寂したと伝えられているが、先に記した通り、百歳の天寿を全うしたのか、七十二歳であったのかは、さだかではない。歿年については、彼は隋の官僧であったから、間違いないと思われるが、現在のように戸籍のある時代ではないし、殊にインドにあってはなおのこと、出生の記録などはないので、その点は全く不明とするしかない。

耶舎が北斉にあった時に訳した『月蔵経』は、のちに仏教の末法思想を語る根本の経典として、中国・日本の仏教界に絶大な影響を与えることになったが、彼自身も北周の武帝による仏教弾圧の嵐の中をさまよった経験があり、この経典には特別の関心をもったにちがいない。特に『月蔵経』中の「法滅尽品」という一章は、無惨で恐怖にみちた経文があり、それは彼が体験し目撃した事件をそのまま記述しているように思われたのではなかろうか。

そしてまた、そのような関心と感性が、『蓮華面経』に描かれた、フン族の王・ミヒラクラによるガンダーラ仏教の弾圧と崩壊という歴史的事件へと目を向けさせた要因として、考えられるのではないだろうか。

いずれにしても、那連提耶舎の経典翻訳にあたっての一つの傾向として、特異な感覚の一端がそこにあると思われる。

蓮華面・ミヒラクラのこと

1

蓮華面という人物は、ミヒラクラ（またはミヒラグラ）の、はるかな過去・前世における反仏教・その破壊を誓った者として耶舎が語った思想家である。釈迦在世時に、六師外道といわれた人たちの一人で、富蘭那《ふらんな》（後述する）の弟子であった。その彼が、生まれかわり生まれかわりして転生《てんしょう》をくりかえして、その最後身が国王となったミヒラクラである、と経典は語っている。

経典では、聡明にして智慧があり、天文や占術によく通じ、その肉体は金色の輝きを放っている、と記されている。秀れて知的な頭脳をもち、容貌もこの上なく美しい美男子というのであろう。そのような人物名が、経典のタイトルにとられているわけだ。

仏教の経典には、原始仏教であっても、大乗仏教においても、そのように人物の名前をもって経典のタイトルとしたものは、極めて多数あり、そのこと自体は何ら問題とするにはあたらない。例えば、一般に最もよく知られているものといえば、『勝鬘経《しょうまんきょう》』とか、『維摩経《ゆいまきょう》』などの経典名は、よく知られているであろう。そういう点からすれば、『蓮華面経』というタイトルが、特別に変っているというわけではない。ただし、この経典は、以下の点であきらかな違いがある。

例えば、『維摩経』についていえば、経の主人公は経名の通りの維摩である。インド名はヴィマラキールティといって、ヴァイシャーリーに住む資産家であり、仏法に通暁した在俗の仏教者として語られる。彼は極めて説法と思索に長《た》けた特異な人物で、釈迦の高弟たちといえどもとてもかなわない。経典は釈迦の命を受けた文殊（マンジュシュリー）と維摩との間で交される、もっぱら維摩の巧みな言説が中心になって展開し、空思想の真髄が表明される。経典全体が維摩による「不二法門」の説法としてまとめられているので、経典のタイトルと内容は、完全に一体のものとなっていて、これを切り離すことはできない。

同様に『勝鬘経』も事情は全く同じく、こちらは、女性が主人公となっている経典である。すなわち、舎衛国《しゃえいこく》の波斯匿王《はしのくおう》（パセーナディット）の娘、勝鬘《しょうまん》（シュリーマーラーディーヴィー）の、会得した仏法・如来蔵のさとりの内容が表明される。その彼女の説く教説に対して、釈迦が承認してゆく、という形式で展開する。ここでも説法者は仏・釈迦ではなく、在俗の一女性勝鬘である。この経典もやはり内容とタイトルは一体のものであって、切り離すことはできない。

そこでひるがえって『蓮華面経』をみると、この経典と蓮華面といわれた人物との関係性は、さきの『維摩経』や『勝鬘経』などにみられるような、切り離し難い必然性がそこにあるわけではない。釈迦が彼に対して、特定の教法に関して説法しているわけではないし、逆に蓮華面といわれた彼が、維摩や勝鬘のように、個別の信仰の内容を釈迦に問いかけているわけでもない。彼は仏教徒でもない上に、むしろそれと対立する思想家の系譜に立っている者だ。これに関しては、章を改めて考えることにする。

いずれにせよ、経典が彼の名を冠したタイトルになっているからには、それなりの理由があるにちがいなく、それを角度をかえて、考察してみたいと思う。

2

ミヒラクラ（またはミヒラグラ）は、エフタル（フン族）の第二代の王である。彼の父はトーラマーナという名で、インドの統一王朝の最後を飾ったグプタ朝のガンダーラを征服して新王朝を建てた人物として知られており、その遺物なども発掘されている歴史上の人物だ。その子がミヒラクラである。彼は経典の記述では、「富蘭那外道弟子《ふらんなげどうでし》」とあって、仏教徒ではない。外道というのは、仏教の側からの言い方で、釈迦在世時のインドにおける自由思想家たちのことを指し、代表的な論者について六人の名が記録されている。これを「六師外道」といって、次の人たちのことをさしている。

①富蘭那《ふらんな》加葉《かしょう》（プーラナ・カッサパ）
②末伽梨拘舎離子《まかりくしゃりし》（マッカリ・ゴーサーラ）
③刪闍耶毘羅胝子《さんじゃやびらていし》（サンジャヤ・ベーラティプッタ）
④阿耆多翅舎欽婆羅《あじたししゃきんばら》（アジタ・ケーサカンバラ）
⑤迦羅鳩駄迦旃延《からくだかせんねん》（パクダ・カッチャーヤナ）
⑥尼乾陀《にけんだ》若提子《にゃくだいし》（ニガンタ・ナータプッタ）

の六人で、いずれもバラモン教の異端の人たちになる。虚無論者、唯物論者、不可知論者、道徳否定論者などと、多彩である。

ミヒラクラは、転生する前には蓮華面といってこの六師の中の「富蘭那」つまり、プーラナ・カッサパの教えを奉ずる集団の一人であった。

師の富蘭那（プーラナ）の教えとは、どのようなものであったか。これについては、パーリ語による原始仏教経典の中に、『沙門果経《しゃもんかきょう》』という一巻があり、それが最も理解し易いと思われるので、少し長くなるが、彼の主張する思想を次に記してみよう。なお引用は、片山一良教授による『沙門果経』の現代訳からのものである。（『原始仏教』第二巻）

話は阿闍世《あじゃせ》王（アジャータシャトル）が、クーデターを起し、父のビンビサーラ王を殺害したが、その後その罪の深さに苦悩して、次々と名師をたずねて罪の許しを得たいと、六師に問うこととなる。

プーラナ・カッサパ師の説くところは次のようなことであった。（以下引用）

「大王よ、行為しても、行為させても、切断しても、切断させても、苦しめても、苦しめさせても、悲しみを与えても、悲しみを与えさせても、疲れても、疲れさせても、震えても、震えさせても、生き物を殺しても、与えられないものを取っても、つぎ目を破っても、掠奪しても、一軒のみをねらっても、大道に立っても、他人の妻と通じても、嘘をついても、なにをなそうと、罪悪がなされることはない。たとえ、周りが剃刀《かみそり》のような輪でもって、この地上の生き物を一つの肉山、一つの肉積みにしても、それによって罪悪はなく、罪悪が現われることもない。たとえ、ガンジス川の南岸に行って、殺害しても、殺害させても、切断しても、切断させても、苦しめても、苦しみさせても、それによって罪悪はなく、罪悪が現われることもない。

たとえ、ガンジス川の北岸に行って、布施をしても、布施をさせても、犠供を行なっても、犠供を行なわせても、それによって功徳はなく、功徳が現われることもない。布施によっても、制御によっても、自制によっても、真実語によっても、功徳はなく、功徳が現われることもない。」

これがミヒラクラの奉ずるプーラナ師の教えである。こうした教説のどこが、彼の心をとらえたのだろうか。善悪因果の否定であり、道徳の破壊ともつながる教えであることは確かなのだが。現代風に考えれば、明らかに無神論であり、ニヒリズムに通じ、人神思想ともいえるであろう。

彼のおそらくは前世のことであろう。かつて四人の仏教の阿羅漢を供養したことがあるという。ところがその時何があったのかは、わからないが、彼は一つの誓願を立てる。未来の世に生まれたなら、必ず仏法を破壊する、と。そう思いながら仏僧を供養するというのはおかしな話であろうから、多分、蓮華面は、周辺で見ていた仏教僧たちに、何かしら許し難いものを見たのかも知れない。

自身が権力の座についた時には、憎しみと怒りをもって、この仏法にかかわる者どもを殺してしまおう、と思い決めるに至った何事かがあったにちがいない。

そして彼は、転生をくりかえして、フン族の王・父トーラマーナの後を継いで王となり、仏教の大弾圧にふみきり、ガンダーラで栄えた仏教を亡ぼし、国そのものをも、滅亡させてしまうのである。

そこで問題になるのは、この経典がなぜ、彼の名をとって『蓮華面経』とされたのか。

彼の事跡を語る経典本文は、全体からみたら極めてわずかな分量にしかすぎない。漢訳テキストで八行・一二七文字だけである。

経典の全文は六五〇行で、文字数は一万二千三百五〇字となる。確かに、語るところは、わずかだ。しかし、なおこの蓮華面といわれた人物の名をもって、経典のタイトルとしたからには、そうするのがふさわしい、と考えられたからであることにちがいない。それは何か。

一般的な理解の仕方として、特に大乗経典の経典名・タイトルというのは、当初からあったものではなく、後になって、あるいは翻訳者の読解の内容によって、付加される場合が多いのである。その点からすれば、この『蓮華面経』というタイトルも、最初からそういう経典名として在ったのではなく、これを翻訳した那連提耶舎によって、そのように名付けられたのではなかろうか。

サンスクリットの原典が失なわれているので、確かめることができないのだが。

ただ、那連提耶舎は、北斉に居た時に、北周の武帝による仏教弾圧の嵐を、身をもって体験して、生命の危険と向きあって逃げまわった恐怖体験があることからして、わずかな分量なりとも語られるこのミヒラクラのことに、深くこころを至したのではなかったか。

さらにあげるとすれば、このミヒラクラによるガンダーラ仏教の大弾圧事件は、彼が生まれる前後に、現実に起った事件であり、そのことを語る『蓮華面経』は、その事件後およそ六十年で訳された経典なのだ。このことは、経典の成立とその翻訳の時間的な近接ということから、仏教経典全体の中でも、極めて稀有にして、唯一の例と考えられている。これについては、別に記すことにする。

仏僧・宋雲ミヒラクラと会う

ミヒラクラの父・エフタルの王トーラマーナが、北西インドガンダーラ一帯を攻略し、新王朝を建てたのは、西暦五〇〇年ころといわれる。その治政がいつまで続き、子のミヒラクラがいつ王位を継いだか、詳しい年時はわからない。しかしここに興味深い記録が残されていて、それによって、ミヒラクラという人物の一面が、リアルに浮かびあがってくる。無惨に弾圧された仏教の側からすれば、『蓮華面経』に彼のことを「大癡人《だいちにん》」というように、許しがたい圧政者とみられるのも仕方ないことであろう。そしてまた、無慈悲な為政者として、生きながらに阿鼻地獄に堕とされてしまうのも無理からぬことかも知れない。ともあれ彼が悪王であった、と後世まで記録に記されたことは、すでに書きかえることはできない。しかし、これから記す記述をよく読むと、以外に論理的な思考と強固な個性をもった、ユニークな支配者であった可能性が見出されるのではなかろうか。

この『蓮華面経』の中でも、彼は聡明な思考力をもち、智慧のある人物であり、天文占術によく通じていた、と書かれている。

その身、金色に輝き、端正な体つきであった、とも書かれている。王者の風格が身についた人物であったと考えられる。彼に対する恐怖と憎しみの思いが根深くあったとしても、彼の良い意味で特異な一面のあったことは否定されていない。

さて、彼の治政下にあったガンダーラに、ある日彼をたずねて、はるばる中国北魏から派遣された僧官がやってきた。名を宋雲《そううん》といった。彼が西域の旅に出ることになったのは、次のような次第による。

＊　＊　＊

北魏の孝明帝の時、胡太后の命を受けた宋雲（生没年不詳）は、西域諸国との外交上の友好関係を結ぶ使節として、国書を託されて旅に出た。

彼は敦煌の人で、官吏でもあり、仏教を信奉する僧でもあった。その時には、恵生《えしょう》、法力《ほうりき》という二人の僧たちも同行を命じられ、彼らは、外交はもちろん、仏典の入手をもその目的の一つとしていた。記録によれば、彼らは西域諸国にあった大乗経典のサンスクリット原典百七十部を持ち帰っている。

この官僧・宋雲らの西域見聞記は、楊衒之《ようげんし》という人が書いた『洛陽伽藍記《らくようがらんき》』の巻五に付記する形で残されていて、そこに宋雲とミヒラクラとの会見の様子が述べられている。それによると、宋雲がガンダーラ（乾陀羅）国に入ったのは、正光元年（西暦五二〇年）の四月中旬であった。もとの国名はゴーパーラ（業波羅）といった。建国以来すでに第二代の王が統治していた（初代はトーラマーナであったから、二代目はその子・ミヒラクラを指している）。以下、東洋文庫に長沢和俊教授が別出して訳された『宋雲行紀』の文を引用する。

「王は生まれつき兇暴で殺戮《さつりく》を行なうこと多く、仏法を信ぜず、好んで鬼神を祭っている。ところが国中の人民はことごとくバラモン種で、仏教を崇拝し、仏教の経典を読むことを好むので、急にこのような王を得たことは、願っていることとは全く逆だった。

王は自ら勇力をたのみ、罽賓《けいひん》と国境を争って、兵を連ねて戦闘してすでに三年も続いていた。（略）かくて王は常に国境上に停まり、一日中帰らなかった。軍隊は疲れ、人民は労苦し、国中が嘆き怨んでいる。」

第二代のミヒラクラ王は、このように好戦的で、攻撃の命令を下すだけでなく、みずから戦線におもむいて、戦いの日々をおくっている武将でもあったことが語られている。彼は北のカシミールと国境を争い、その戦いはすでに三年にもおよんでいて、国中の人民からは、必らずしも支持されていなかったことがわかる。宋雲はやむなく、戦陣にあるミヒラクラの幕舎へ足を運び、そこで会見の場を設けた。

そこでどの様な対話がおこなわれたのか。非常に興味深い記述が残されているので、以下は『洛陽伽藍記』の文を直接引いて、両者の言動を見てみよう。（訳・仁科）

「宋雲軍に至りて、詔書を通ず。王兇慢無礼にして、坐して詔書を受く。宋雲其遠夷《えんい》、制すべからざるを見て、その倨傲《きょごう》に任せ、よくこれを責むることなし。王伝事《でんじ》をして宋雲にいわしめて曰《いわ》く、〝卿《けい》諸国を渉り険路を経過す。労苦なきを得んや〟と。

宋雲答えて曰く、〝わが皇帝深く大乗を味わい、遠く経典を求む。道路は険なりといえども、敢て疲れたりといわず。大王みずから三軍を統《す》べて遠く辺境にのぞみ、寒暑しきりに移る。頓弊《とんへい》なからんや〟と。

王答えて曰く、〝小国を降服せしむるあたわず。卿のこの問いに愧《は》ず〟と。」（原漢文・以下同様）

宋雲は王と対面して、魏帝からの国書をさし出した。王はそれを坐したままで受けとった。

その所作はいかにも傲慢この上なく無礼だったが、宋雲は、はるかな辺境にある兇暴な支配者で、文明・文化などとは縁遠い相手なのだから、と考え直して、敢えてその作法にはずれた無礼をとがめなかった。

王は伝事（通訳官）を介して宋雲に話しかけられた。

「卿（貴顕《きけん》）は、東方の諸国をめぐり歩いてここまで、険路をいとわずこられた。さぞかしお疲れのことであろう。」

宋雲は答えていう。

「わが皇帝は、大乗の仏教を尊崇すること厚く、遠方まで仏典を求めておられます。ですから、命《めい》を受けたわれわれとしては、道行がいかに危険にみちた苦しいものであっても、だからといって、疲れたなどということはいえないのです。思えば大王こそ、全軍を指揮して長く辺地にのぞみ、暑さ寒さを幾度も体験されて、さぞやお疲れこの上ないことではないですか。」

王が答えていう。

「そうまでしても、いまだ小国さえも征服できずにいることで、そのようにいわれるのは、まことに恥ずかしい思いである。」

このような話が交され、その過程で宋雲は、このミヒラクラ王に、何かしら通じ合い、理解し合うことができそうな、人情の機微《きび》によく通じた感覚をおぼえたので、一歩踏みこんだ対話を続けた。

宋雲は話す。

「山に高下あり、水に大小あり、人の世間に処するもまた尊卑あり。嚈噠烏場王《えんだつうじょうおう》は、並びに拝して詔書を受けたり。大王何ぞ独《ひと》り拝さざるか。」

王答えて曰く、

「われは魏主を見れば則ち拝せん。書を得て坐して読むも、何の怪むべきことあらんや。世人父母の書を得たる時、なお自ら坐して読む。大魏はわが父母のごとし。われ坐して書を読むも、理において失《しつ》なからん。」

宋雲の言うところは、これまで国書をもってたずねた国々では、北魏の国使・使節として礼儀作法正しく対応してくれるのが通例であった。その点では、嚈噠《えんだつ》（エフタルの中国語音写）の王にしろ、烏場国（ウディヤーナ）の王にしても、みな国書を拝受してくれた。なぜ、ガンダーラ王は身を起こしもせず、坐したままで詔書を受けて読むのか。礼を欠いていると思うのだが、というものである。

それに対するミヒラクラ王の答えは次のようであった。

「私は魏の国主と相対したのであれば、作法に則った拝礼はするだろう。しかしただ書を渡されただけのことだから、これを坐ったまま読んだところで、何が悪いか。世間の人は、誰であろうと、父母からの書であれば、それを坐ったままで受け取り読むではないか。貴殿の国である魏は、要するに私の父母のようなものだと思っている。だから、坐ったままでそれを読んだからといって、面倒な理屈をいいたてるのはやめるがいい。」

そのようにいわれて宋雲は、なお話をする気になれなかった。その後一行は案内されて一寺に行ったが「供給は、はなはだ薄かりき。」つまり待遇はひどく悪かった、ということのようである。

以上が『洛陽伽藍記』巻五の終り近くに記された会見のすべてである。

『蓮華面経』では、このミヒラクラ王のことを「大癡人《だいちにん》」としているが、この『伽藍記』に書かれた王は、なかなかな知恵者であるように感じられる。他のエフタルの王たちは、恭々しく礼をつくして宋雲の一行を、魏国の使節として対応したらしく思われるが、ここガンダーラでは、そうはいかなかった。

〝北魏の皇帝はわが父母のごとしと思っている。だから父母の手紙を読むに就いて、ことさらな礼がどうのこうのと、理屈をいいたてるのはよせ。〟と見事に反論している。そして冷たくあしらっているのである。

この記事は、宋雲が帰国したのちに、帝室への報告として書を奉じたのにちがいなく、ミヒラクラ王との対話も、その通りに行なわれたものと考えてよいだろう。『蓮華面経』でいう「大痴（癡）人」とは、仏鉢に象徴された仏法を破壊したことへの恐怖と怒りから、そのようにいったのだろうと思われる。

仏鉢とは、釈迦のみならず出家した比丘僧たちが持つ鉢で、彼らはその鉢を持って人々に食を乞うものである。つまり出家者の日々の命を養う大切なものだから、それを破壊するということは、食の道を絶つことであり、食を絶たれることは、この生身の死を意味する。従って鉢をこわすということは、大いなる罪になる。

ちなみにこの仏鉢に関しては、次のような次第をたどることができる。

宋雲ののち、およそ百二十年たってガンダーラをおとずれた唐僧がいる。名を玄奘《げんじょう》という。

いわゆる三蔵法師・玄奘のことだ。

彼が時の唐室に呈出した『大唐西域記』、ならびに彼の生涯を記述した『大唐大慈恩寺三蔵法師伝』の中に、この仏鉢のことが書かれている。その要点をとっていえば、以下の通りである。

玄奘法師がガンダーラをおとずれた時は、都城は破壊されて跡形もなく、仏法を信奉する者もいない。国位は、後継者が絶えて国の中心はカシミールに移ってしまっていた。異教の神をまつる祠があちこちに建てられて、わずかな信者たちがそれを守っている。仏教の寺院はすっかり崩れたままに放置され、雑草が一面に生えているばかり。

「王城の東北に、仏鉢を置ける宝台あり。鉢はその後諸国を流移し、今現に波刺斯国《ぱるさこく》にあり。」と書かれている。かつては仏鉢を安置してあったという宝台だけは残っていてそれと知られるが、その後転々として諸国に移動し、現在はペルシャ（アケメネス朝）にある、と玄奘法師は報告している。

ガンダーラで盛んであった仏教は、ミヒラクラ王による弾圧で潰滅し、僧尼は殺害され、寺院は破壊された。かろうじて生きのびた僧たちはカシミールに逃がれ、やがてその地で仏教が再興されていく。そのことは『蓮華面経』でもたしかに書かれている。ただ、それらの事件をひき起したミヒラクラ王が、どのように国を保ち、どのような生涯を終えていったのかはわからないのである。カシミールとの戦いに破れて戦死したのか、負けたのであれば、捕えられて殺害されたのか、よくはわからない。先きの『大唐西域記』が報告しているのは、「後継者が絶えて」、その一族は散りじりになって四散してしまっていることしかわからない、という。六師外道のひとり、プーラナ・カッサパの無道徳思想、徹底したニヒリズムを体現したかのように思われるミヒラクラという、兇暴な戦士。仏教徒は彼を許さず、大癡人として地獄に堕とす経文を永久に残すことになったのである。

経典の成立

この『蓮華面経』は、いつ頃に成立した経典なのだろうか。この点について、あらためて考えてみよう。

いわゆる仏教の経典は、もちろん歴史上の人物であった仏陀・シャカムニ（釈迦牟尼）の説法、メッセージを記録し、後世に伝えようと編集されたものである。しかし、その伝承の形態は、古代インドの通例として、最初は文字によって書かれることはなかった。インドの知識階級として最高位にあったバラモンたちは、文字は世俗のものとしてこれに頼ることをきらい、もっぱら記憶して伝承することが尊ばれたといわれる。彼らの記憶力は、そのためにみがきぬかれ、現代のわれわれからみて、奇跡としか思われない、異常なまでにぼう大で、精緻な論や思想や文学を保存してきた。その時間的な拡がりは、何世代にもわたり、三百年から五百年もの時の流れの中を、正確に厳正に、ゆるぎなく伝承されてきたことにまちがいはない。古代インドの哲学・思想等を伝える『ヴェーダ』や『ウパニシャッド書』あるいは『マハーバーラタ』や『ラーマーヤナ』などの文学作品などは、いずれも文字化される以前に、三百年から五百年以上にもさかのぼる時間の流れをもっていることが、諸学者の研究を通して明らかにされている。

ところで、仏教の経典はどうなのか。これも事情は全く同様で、釈迦の死後、およそ五百年近い間を通して、比丘僧たちはもっぱら独自の記憶法を確立して、その教説を伝えてきたのである。その鍵となる記憶法とはどういうものであったか。それは次のようである。

仏教経典は、いかなる経でもみな、共通した書き出しで始まる。それは古くは「聞如是」すこし後になると「如是我聞」または、「我聞如是」ということばが最初に置かれる。

これは、「是《かく》の如《ごと》く我《われ》聞《き》けり」つまり、「私はこのように（仏から）聞いた」という意味で、この一語がすべての経典本文の冒頭に置かれる。そしてそれが経典の形式として、決定した共通の表現とされたものとなった。

そこで一つの経典が成立する状況は次のようになる。釈迦の死後その説法の内容が、一人の比丘から語り出される。とりまく仲間の比丘僧たちは、その語るところの教説に耳傾け、そうであった、あるいはそこのところはこのようなのが正しい、等々と確認しあるいは訂正して、正確な教説の再現に到達すると、もう一度その確定した説法を共通のものとして記憶にきざみこむ。このようなことが、くり返しくり返し行なわれて、次の世代へと伝えられてゆく。これが経典成立の様相なのである。このような集会のことを仏教では、「結集《けつじゅう》」といい、合意・承認された説法を共有して唱え、記憶することを、サンギーティ・合誦《ごうじゅ》という。

ところで、仏教の歴史においては、このような結集が四回にわたって行なわれた。

第一回結集（五百人の比丘僧が集まって行なわれたので、五百結集という。）会議を召集したのは、マハーカーシャパ（摩訶迦葉《まかかしょう》）。釈迦の死後間もなく、ラージャグリハ（王舎城）郊外の七葉窟で行なわれ、直弟子のウパーリ（優婆離）が戒律を、同じくアーナンダ（阿難陀）が経を誦して、伝承すべき教説が確定したという。

第二回結集（七百結集）。釈迦の死後百年ころといわれる。ヴァイシャーリー（毘舎離）で行なわれ、ヤシャ（耶舎）が中心となって、戒律が確立した。

第三回結集（千人結集）。釈迦の死後二百年、アショーカ王により召集され、首都のパータリプトラ（華氏城）で行なわれた。比丘僧・モッガリプッタ・ティッサが主となって、経・律・論の三蔵が成立した。

第四回結集（五百結集）。西暦紀元後二世紀ころ、カニシカ王の下で、三蔵に細かな解釈が付されたという。

これらの結集《けつじゅう》の過程で、時代の変遷もあって、文字をもって経典が書かれるようになったのは、紀元前後ころからであろうと考えられている。ただし、この結集のことは諸学者間に意見の相違があり、第一結集と第四結集については、伝承通りに行なわれたのかどうかに疑問があるとする見解のあることを記すにとどめる。

また、これらの結集の結果成立した経典は、主に原始仏典、いわゆるパーリ語聖典としての小乗仏教の様相を伝えるもので、大乗仏教の経典となると、その成立過程は必らずしも明らかになっていない。

＊　＊　＊

ところで、『蓮華面経』と題された経典は、経典史の中のどの時期に成立したのだろうか。この経典にはインドの言語で書かれた原典がない。その原典テキストがもしパーリ語で書かれていたならば、経典は原始仏教の一つとなるだろう。しかしパーリ語聖典の一大集成であるいわゆる『南伝大蔵経』の中には、入っていない。そのタイトルの経典はない。もし経典がサンスクリット語で書かれていたならば、それは大乗仏教の経典だと考えてよいだろう。これはいわばおおまかな言い方になるけれども。

この経典は、『大正新脩大蔵経』の涅槃部に集録され、「大乗修多羅蔵」とされている。つまり大乗仏教の経典とされている。そのことからして、この経典の原典テキストは、サンスクリット語で書かれていたにちがいない。そこで問題となるのは、大乗仏教の経典というのは、いつ頃から編集が行なわれるようになったのだろうか。これは今日に至っても、原始仏典で展望されるようなレベルでは、まだ解明されていない。ただ諸先学の方たちの研究をもとにすると、大きな流れとして以下のように考えられるだろう。

大乗仏典が成立してくる時期は、大きく分けて、初期・中期・後期の三段階において考えられる、とされる。

初期というのは、およそ紀元前後ころから四世紀ころの間。中期というのは、四世紀から六世紀、後期は六世紀から九世紀ころ、という三期に区分して考えるのが通例とされるようである。それは、教団の歴史的展開と、仏教思想の増広、その論理的発達・展開の様相などから、社会の変化等の全体の歴史を分析した上での見解で、一応の目安として提示されたものである。

今はそれにしたがう。

そこで『蓮華面経』に話をもどそう。

この経典が、大乗仏教の経典である、ということは次の点から見て、たとえ原典のサンスクリット文がなくとも、明らかである。それはこの経典の内部徴証自体から、そのように理解することができるのだ。

この経典は、釈迦の涅槃時に焦点があてられており、釈迦が涅槃に向かう姿を、神話的な登場者の様々な目でとらえている。仏弟子や仏周辺の人々のみならず、天界・地界・虚空に満ちている異界のキャラクターが総動員された形で、その最後を飾っている。すなわち、梵天・帝釈から阿修羅、天龍八部衆、四天王、夜叉などが順次舞台に姿をあらわし、釈迦の死をいたみ、祈りと願いをもって見守って、別れの詩（偈）をなげている。

こうした場面構成は、パーリ語による原始仏典・小乗仏教の経典には見ることができない。菩薩も毘沙門天も阿修羅も夜叉も、みな大乗仏教が生み出した特異な登場者だ。これらの者たちが自在に自己の存在を語り、自由に仏とことばを交し、それぞれの個性がその行動を通して、忘れがたく語られる。これが大乗仏典特有の世界なのだ。『蓮華面経』はまさに、大乗仏典の世界を、そのまま共有している。疑問が入りこむ余地はない。

そこで本題にもどって、この経典がいつごろ書かれたのか、については以下のように考えることができるだろう。

この経典には、歴史上の人物が描かれている。あのガンダーラの仏教を破壊した、エフタル（ヨーロッパ文献ではフン族、中国文献では嚈噠《えんだつ》と出る）の王・ミヒラクラである。

前述したように、北魏の宋雲が彼と会見したのが、西暦五二〇年であることは明らかである。『蓮華面経』の下巻の経典本文に、このミヒラクラの破仏の事件が記述されているわけだから、経典はその後の成立になろう。

したがって、大乗仏典の成立を三期に分けて考えるとしたら、その中期にあたる、ということになる。

経典の成立については、そのように考えてまちかいないが、さらに問題になるのは、つぎのようなことである。この経典は、インドの何処《どこ》で編集・記述されたのか。この経典を翻訳した那連提耶舎は、テキストをどのようにして入手したのか。中国北斉の地にやってきてから見たのか。途中の西域諸国のいずれかで入手することができたのか。などである。

経典の語るもの

仏教の経典は、原始仏教から大乗仏教に至るぼう大な文献を形成している。時代的にみると、釈迦の滅後から始まって西暦紀元後の八世紀頃に至るまで、経典は休むことなく制作され続けてきた。その間およそ千三百年にもまたがる途方もない時間の流れがふくまれる。いずれも、歴史上の人物としての釈迦が語った、自己実現、人間成就の思想と実践を骨子とした、一貫した教説が展開する。

最初は、文字に頼らずに、記憶に基づいた口承を通じて、釈迦の言行録の形をとって語り継がれていたが、紀元前後ころからは、文字によって教えが記述されるようになり、それらは細心の注意をもって、書物による伝承に変わった。編集の形式も一定化し、一見しただけでそれが仏教の経典である、と分かるものとなった。以後はその編集形態を守ることを通して、さまざまに発展した思想と実践の教説が、かなり自由に語られることになる。

そしてそれぞれの経典は、固有の、特有の教説を宣説することで、独自な世界を創造することができるようになった。

たとえば、『華厳経《けごんきょう》』という経典がある。正式な経題は、『大方広仏華厳経』といって、釈迦がさとりを開いたその時の、内面の出来事を描くことがテーマになっている。つまり、釈迦がさとったという法（真理）とは、一体どういうものなのか。何をさとったのか。そのさとりには、どのような意味があるのか。それを描き出そうとしたものなのだ。そしてそのようなさとりは、誰でも実現できるのか。どうすればそこに到達することができるのか、を追求する。ただしこの経は極めてむずかしい哲学書でもあり、精神分析の精緻な実践論のようなもので、高度な知的緊張を要する。教学的には、存在の構造、重々無尽の法界縁起《ほっかいえんぎ》、一即多、多即一、などなどの専門的訓練なくしては、理解することができないだろう。ただそれらを集約して表した物語りが結びに付加されているので、いわゆる「善財童子《ぜんざいどうじ》の五十三師をめぐる旅」を通して、そのエッセンスを味読することができるようになっている。これはこれで、『華厳経』独自の世界を見事に形成している。

あるいは、『法華経』という経典がある。正式な経題は、『妙法蓮華経』という。これは、「開三顕一《かいさんけんいち》」といわれる教説と、「如来は無量寿」であることを宣説する経典だ。開三顕一とは何か。これは仏の教説は、聞く人それぞれに機根（能力）の差位がある。そこで、仏はとりあえず仏弟子（声聞《しょうもん》）たちを対象にして、彼らの思想・生活・実践はいかにあるべきか、これを分り易く説いたものをさして「声聞乗」という。また法を聞かなくとも、独自の力でさとりを開くものたちもいる。これを「縁覚《えんがく》」という。天体の動きを観察したり、落花落葉を見たり、流れる水を見たりすることを通して、世界と自己の真実にめざめる人たちをいう。そのような人たちに対して、なおこの世に在ることの意味を深めて、他者に思いを向かわせるべく説かれたものを「縁覚乗」という。

さらには、「菩薩《ぼさつ》」といわれる人々がいる。自らを救い、他者をも救済しようとこころがける大乗の仏道をめざす人たち。この人たちの生き方に答えて説かれた教えを、「菩薩乗」という。仏はとりあえずその教説を展開するにあたって、この声聞・縁覚・菩薩の三種に分けた仏道を説かれたかのように見えるが、真実は一仏乗に極まるもので、この仏乗という一道こそが、一切を平等に救済する真実の仏説なのだ、と主張するのがこの『法華経』の教えである。さらにこの世界に生まれ、そして涅槃する釈迦という仏も、真実には無限の寿命をもった如来が、仮りに見せる姿なのだ、と説くのである。これも、仏教の全体を統一的に理解させようとする経典であろう。

また、『涅槃経』という大部の経典がある。これには同名の経典が、原始仏典と大乗仏典にあるが、今は大乗仏教の方をとる。

正式な経題は、『大般涅槃経《だいはつねはんぎょう》』という。

この経は、『蓮華面経』と同じく、釈迦が涅槃する三カ月前に場面が設定されている。この経典は、入滅の時を迎えた釈迦に焦点がおかれており、いよいよ仏が生涯を終えてゆかれるということから、仏教として説かれたありとあらゆる問題に、細かく最後の解答を与えようとしたもので、説法（ほとんどが対話）の内容は多岐にわたる。

しかしこの経典の究極のテーマは、悪人成仏に置かれているといってよいだろう。その視点から、ここでの物語りの重要なものは、例のマガダ国における「王舎城の悲劇」といわれる事件が長く長く語られる。

マガダ国（釈迦在世時のインド最大の大国）で一つの事件が起る。皇太子・アジャータシャトルによるクーデターである。彼は悪役のデーヴァダッタにそそのかされて、父の王、ビンビサーラを追放して獄舎に閉じこめ、その妃・母のヴァイデーヒーをも殺害しようとする。母殺しだけは忠臣の諫めあって思い止どまったが、父の王は無惨に殺されてしまうのだ。その後王となったアジャータシャトルに、罪業の自覚が芽生え、彼は身心を病んで悶絶し、苦悩の日々がおとずれる。

親殺しの大罪を犯した大王を、六師外道のうちの誰一人救う者はいなかった。そこに、釈迦牟尼が登場してきて言う。「阿闍世のために涅槃に入らず。」と。この悪人・阿闍世が、救済されてゆく過程を描く経典は、まさに悪人成仏こそが仏の救済のテーマであることを語ったものである。

最後に、『浄土三部経』といわれる三つの経典がある。『仏説無量寿経』・『仏説観無量寿経』・『仏説阿弥陀経』の三経がそれだ。

いずれも、寿命無量、光明無量、の阿弥陀仏をテーマとした浄土経典で、仏の本願が説かれ、念仏のすすめがあり、そして悪人往生の思想が明確に説かれる。この三経の中で、『仏説観無量寿経』には、先の『涅槃経』で語られた「王舎城の悲劇」が同様に語られている。『涅槃経』ではアジャータシャトルの救済が中心になっているが、『仏説観無量寿経』では、大王の母・ヴァイデーヒーの救済がテーマになっている点が異なる。

以上、とりあえず身近でよく知られている経典で、代表的な教説にふれてみた。

いずれの大乗経典もみな、それぞれが特有の教説をもち、いかにして仏になるか、そのためにはいかなる修業がなされるべきか、人々を愛すること、生命を傷付けないこと、平等にして無償の奉仕はどのように実現されるか、解脱《げだつ》とは何か、世界とは自己とは、存在とは何か、時間とは何か、悪人とは、悪人の救済とは、等々と自在に、無限に展開する。

こうしたことを念頭にして、あらためて『蓮華面経』に目を転じてみよう。

この経典は何を語っているのだろうか。読めばすぐに気付くことがある。それは、この経典には特別に主張する思想的・実践的課題があるわけではない、ということだ。

彼岸に至るための、六波羅蜜の行が説かれているのでもないし、解脱を実現するための難行苦行も説かれない。三昧行もなく、禅の行法も説かれない。そうした観点からいえば、この経典は何らかの仏の教法・教説に重点を置いた、独自な思想・哲学を提示したものではないと考えるほかない。したがってこれは、全く角度を変えて見直した方がよいだろう。そこであらためて経典の全体をふり返ってみよう。

仏・釈迦牟尼は、その生涯の終りに近づいている。涅槃に入る決意をされたことが、くり返し語られる。このような書き出しは、他の涅槃部の諸経典でも共通して説かれていることで、特別視するにはあたらない。

そして諸々の異界のものたちの、さまざまな対応が個別に描かれる。やがて釈迦によって、滅後の予言がなされるわけだが、ここで特長的に思われることの一つは、アショーカ王の名とその事跡が語られていることである。その上で、なすべきことはなし終えた、との自覚から、涅槃の決意の堅いことを、仏弟子のアーナンダに告げる。そしてアーナンダの歎きが語られる。この苦悶するアーナンダを描く一節は、よくまとめられた感動をよぶひ一コマで、再読するに価いすると思われる。

そのアーナンダに対する釈迦の説法は、簡潔で、「この世界の一切は無常である。生まれたものは必らず死する。形作られたものはいつか壊れる。」と語るだけで、特別な法話というものではない。

ただ、その後で予言の形で語られる教団の、比丘僧・比丘尼たちのおそるべき堕落と退廃の諸相は、実にリアルであって、おそらくはこの経典が作られた同時代の、ありのままの実態が語られたものであろうと思うのだ。

これは、サンガ（教団）の内部崩壊とそれを告発する明確な制作意図のあることが見てとれるので、この経典の特色の一つとして数えることができる。

そして、釈迦の生涯に関わった人たちや、村落・樹林・都城などなどとの別れの時が流れ、生涯にわたって説いたメッセージが、経典という形でまとめられたことを確認することなどが語られて、ガンダーラやカシミールなどの国々においても、仏法の栄えることが予言される。

それから、この経典の最大の特別記事ともいうべき、かのミヒラクラによる仏教弾圧のことが続いて語られる。この経典のタイトルにもなっているから、最も重要なテーマとして記述されたものにちがいない。そしてこの歴史上の出来事は、他のいかなる経典にも語られず、また実在の人物の名をあげて告発しているのは、この『蓮華面経』以外にはない。これこそ、特異中の特異といってよいこの経典独自のものである。

経はさらに、親しきものたちとの別れの場面が書かれ、教法のすべてとその再来は、未来仏・マイトレーヤー（弥勒仏《みろくぶつ》）に託され、チュンダ（純陀）の供養を受けたのち、クシーナガルにて涅槃に入られたのである。

このようにして経典の全体をふり返ってみると、そこから最も強く感じとれるのは、一種の歴史的視点である。

その中でも、アショーカ王のことが語られ、その名を歴史の時間軸でとらえられていることは注目に価する。いま一つは、出家修行者である比丘・僧尼たちの世俗化と退廃の細かな言及は、組織というものが内部から崩壊してゆくことが多いのだ、という告発の目の鋭どさを感じることができる。おそらくは、そこで描かれた恐るべき背徳の数々は、時代の流れの中をただよう教団が見せた、真実の出来事であったにちがいない。いま少し続けて、物語は、父の王にふれ、その妃にして母であるマーヤーのことが語られる。父であり、小王国ではあっても、シャカ族の国カピラヴァストゥの王・シュッドーダナ。彼のことは経中で「大福徳の人」である、と讃えられる。母なるマーヤーも同じく「大福徳の人」だと讃えられている。共に「人中の最勝宝」を生み育てた人たちだからと。

そしてルンビニの苑は、仏の最後身が誕生した地として、「最勝最妙」なのだ。

釈迦が坐し、さとりを開いた菩提樹にふれ、チュンダの供養から、涅槃して横たわった沙羅双樹へと、その語るところはそのまま、仏伝・釈迦の生涯に順次ふれてゆく。

また、経典の成立、アショーカ王による仏法の興隆が語られ、やがてサンガ（僧伽・仏教の教団）

の退廃と内部崩壊、エフタルの王・ミヒラクラによるガンダーラ仏教の弾圧と壊滅、そしてカシミールにおける仏法再興など、これらは全体として仏教が歩いてきた実際の足跡が、史実に対応して語られている。

つまりこの経典の作者は、自身に至るまでの仏教の歴史を、経典の形式にしたがって、時代を予見した釈迦の、いわば黙示録として制作したと考えられる。

このような経典が、その内容から考えて、いわゆる〝合誦〟によって成立したとは考えられないと思うのだ。

この経典の成立には、一人の極めて有能な、文学的表現力と学識深く、創造力豊かな、諸経典にもよく通じた人物の影があるように感じられるのだが、どうであろうか。

この『蓮華面経』が、他の諸々の経典とはかけはなれた、独特の感性、史的観点をもって作成されている、と考える由縁である。

経典の作者は？―仮説―

この経典に関して、実はいま一つ、たいへん重要な問題がある。もちろんそれは、すでに諸先学の方たちによって、指摘されているもので、それらを綜合してまとめてみると、以下のようである。

この経典の成立と翻訳の時間の幅が、六十年ほどしかない。これは他のすべての経典には、その手がかりさえない中にあって、極めて稀有な事実だ、という指摘がそれである。

どういうことなのか。

この経典が那連提耶舎というインド僧によって翻訳されたのは、西暦五八四年、隋の文帝三年のことである。そして彼が見ていた原典には、ミヒラクラの破仏の記事があり、それは北魏の僧・宋雲の記事から推定すると、五二〇年以降の年時のいつか、の出来事であることがわかる。この年以後でなければ、この破仏の記述はあり得ない。したがって、『蓮華面経』が経典として成立したのは、五二〇年以後のことになるだろう。

一方五八四年には、耶舎によって翻訳されているから、その間六十年余りしかない。つまり耶舎は、成立したばかりの経典を手に入れて訳したことになるわけだ。耶舎はその時点では隋にいる。隋は仏教を手厚く保護し、国をあげて崇仏の念深い国で、王室には千余箱もの仏典が保管されていた。彼はその翻訳を命じられている。

とすれば、この『蓮華面経』なる経典のテキストもすでに隋に伝来していたのだろうか。あるいは、西域諸国との交流を通して、いつかの時点で、経典を運んできた西域の僧がいたのだろうか。

さらに考えてみると、先きに述べたように、この経典の成立にあたって、「合誦《ごうじゅ》」（サンギーティ）のようなことが行なわれたのだろうか。もし行なわれたとすれば、どのようなメンバーの僧たちが、どこでそれを行なったのだろうか。その時すでに『蓮華面経』という経典のタイトルもつけられていたのだろうか。そうでなければ、誰がそのタイトルを考案したのだろうか。などなどさまざまな疑問がわきあがってくるのだ。もちろんそれらに関して、明確な判断を下すことは不可能なことだ。資料は限られており、現在以上に新たな文献が出てくることは、おそらくないだろう。ともかく、この経典が、成立から翻訳までわずか六十年ほどしかない、ということはまちがいのないことなのだ。

そこで、ここからは筆者の想像になるが、なるべく荒唐無稽《こうとうむけい》に走らないように注意して、この経典の成立をイメージしてみる。そのために、以下の観点を前提とする。

一、合誦ということはなかった。

二、類似の経典が外にもある（別出する）。

三、ミヒラクラの破仏の記述は、那連提耶舎が付加したものである。

四、経典のタイトルは、耶舎が付けた。

五、ガンダーラにおける破仏事件は、耶舎の三十歳から四十歳にかけてのころに起っている。

以上の五点をあげておきたい。

最初に「合誦」のことにふれてみよう。

前述のごとく、パーリ語聖典あるいは極めて短い大乗仏典の場合には、サンギーティ（合誦）が行なわれたことは否定できない。問題はしかし、大乗仏典全般の成立についてとなると、それは考えにくいと思うのだ。例えば、『華厳経』という経典を考えると、これは八十華厳とか六十華厳とかいわれるように、六十巻あるいは八十巻の大部になる。比較して解り易くいえば、聖書（新・旧合わせて六十六巻）の全巻にあたるほどの分量になる。また大乗仏典としての『大般涅槃経』にしても、ほぼ同様な分量である。さらには、『法華経』にしても『無量寿経』にしても、『大日経』などなど、大乗仏教の経典類はみなたいへんに長大なのである。そしてそれらはみな、釈迦の死後五百年あるいは千五百年もの後世に制作されたものなのだ。もちろん一度文字で書いたものなら、そのまま伝承されるだろうが、しかし文字化されるまでの長い時間を通して伝承されるのは、極めてむずかしいことであるにちがいない。殊に大乗仏典の場合には、そうした「合誦」の記録はないし、むしろ自由な発想と開放された哲学・思想を新しい表現方法をもって自在に展開している、と見られるのが定説なのだ。表現形式は統一され、定形化しているが、それは合誦がなされたことの証左としていいのかどうかは疑問なのだ。この『蓮華面経』にしても、編集形態は他の経典と同一ではあるけれども、仮りに合誦が行なわれたとして、それは釈迦の死後千年もたって行なわれたことになる。なぜなら、西暦五二〇年より前に、このような内容の合誦が行なわれるわけがないのだから。そこで、あるイメージをもってよいと思うのは、次のようである。

大乗仏教の経典は、あるいは個別の特色ある思想集団それぞれ内で、合誦に近い集会なり編集会議のようなものが行なわれただろうと思われる。そしてその会合で大まかな教説の骨組が確認された上で、有能な者が筆をとって文字による経典を創作していったのではないのだろうか。そして経典によっては、そのような集団思考には依らずに、秀れた感性と創造力豊かな才能をもった者が、経典を作成もしくは創作していったのではないか。そういう意味からして、この『蓮華面経』成立の前提に、「合誦」が行なわれた、とは考えにくいのだ。だとしたらこの経は、よほど有能な人物によって書かれたにちがいない。

二、類似の経典が外にある。

これは特に僧尼の堕落・退廃が限度をこえてひどくなり、それをある種の怒りをもって告発し糾弾《きゅうだん》し、絶望の声を発している経典で、大小乗の経典がある。その文言はほぼ共通した表現になっていて、相互に参照しあって書かれているように思われる。その中で最も類似している『法滅尽経』を、現代訳して参考資料として本書の末尾に載せる。分量はこの『蓮華面経』の十分の一ほどの経である。

このことは、耶舎が『蓮華面経』を訳す際に、この『法滅尽経』なども参照していたのではないかと思われるので、項目にしたものである。

三、ミヒラクラの破仏の記述は、耶舎が翻訳に際して付加したものである。これは断定することはできないが、一つの仮説として、述べてみたい。

なぜそのように思うのか。『蓮華面経』は、他の経典と同様に、釈迦の涅槃に焦点をしぼって、その最後の様子を描いたものである。われわれは仏教美術の世界で、「涅槃図」といわれる絵画をよく見るが、例えばこの『蓮華面経』の描く世界は、まさに涅槃図によって、見事に視覚化されている、といってさしつかえないほどに対応している。

悲しみ歎く仏弟子、在俗の男女、動物たちから草花まで、さらには梵天・帝釈から阿修羅、夜叉、諸龍衆に至るまでが、双樹下で涅槃におもむく釈迦牟尼をとりまいている。この『蓮華面経』の経文がそのまま、絵図の解説をしているようだ。涅槃部の経典として、そうした釈迦の死を語るだけで、目的は充分に果たされる。だから、そのような場面展開からして、狂暴なエフタルの王の弾圧事件は、全く異質な物語りであって、そこに書きこまなければならない必要性はないのでは、と思うのだ。しかしそれははっきりと経文として書きこまれている。となれば、耶舎はすでにあった涅槃を語る経典の中に、この事件を書き加えたかった思いをもっていたにちがいない。経典（それが何という経典かは分らないが）は、かなり時をさかのぼった古いものであったかも知れないが、耶舎がその事件を書き加えたために、経典はにわかに身近かな、忘れがたい歴史性を帯びることになった。

四、経典のタイトルは耶舎が付けた。

このことは、かなりの経典に見られることで、それほど特異なことではない。例えば一番身近な例をあげてみよう。

浄土教の依りどころとなった経典は、よく知られているように、『浄土三部経』がそれである。三部経というのは、三つの経典ということで、『無量寿経上下二巻』、『観無量寿経一巻』、『阿弥陀経一巻』をいう。この中で『観無量寿経』だけは、サンスクリットの原典が失なわれているので、これにはふれない。さて、『無量寿経』と『阿弥陀経』とは、サンスクリットの原典があるので、このタイトルがどうなっているのかをたずねてみよう。両経とも原典のタイトルは「スカーヴァティー・ヴューハ」となっている。訳せば「極楽の荘厳」となる。しかし、訳のタイトルが一つは『無量寿経』と付けられ、いま一つは『阿弥陀経』となっている。なぜそうなっているのか。それは両経と『観無量寿経』も共に阿弥陀仏を中心としてまとまった教説を語るものなので、翻訳者がその意味内容を読みとって、人々に解り易くと配慮してタイトルを付けたものである。もとの原典のタイトルとは異なっているけれども、訳者が考えて付けた経名の方が、よく知られ、そのように呼びならわされることになったのだ。

この『蓮華面経』も、ミヒラクラの記事が付加される以前には、全く異なった経名があったか、あるいは特にタイトルが付いてなかった可能性も高い。しかし、弾圧の記事が書き加えられたことによって、その関連性にもとずいて、『蓮華面経』と付けられたのだろうと思われる。そのように考えることができるとすれば（もちろん仮説だが）、この経名を付けたのは、訳者の那連提耶舎をおいては他にいない。
五、ガンダーラにおける仏教の大弾圧事件は、耶舎の三十歳代に起っている。
これは一部の記録で、耶舎が百歳にして死去した、との説をとった場合である。彼の没年は五八九年とされるから、彼は四九〇年ころに生まれたことになる。伝記によれば、彼はガンダーラ（近郊のウディヤーナ）で生まれ、二十一歳で出家得度し、以後釈迦の遺跡などをたずね歩き、仏法の学びを深めていった。明確に年代に対応した細かな行実はわからないが、三十歳半ばころ、生涯忘れることのない悲劇に見舞われた。それがミヒラクラの事件である。彼があの大事件にまきこまれ、あるいは目撃した可能性は、充分にあると思われる。

伝記によれば、彼が北斉にやってきた時には、四十歳であったというから、まさにミヒラクラの破仏と同時代であり、その事件のために国を出たと考えてよいのではないだろうか。耶舎は生まれ故郷にあって破仏の嵐を生きのび、のがれた先きの北斉にあってまた周の武帝による大弾圧に遭っている。

彼は同時代人であるミヒラクラの弾圧の無惨を、決して忘れることはないだろう。しかし、これを後世への記録として語るとしても、ミヒラクラの名だけをストレートに語ることには、彼なりのためらいがあったにちがいない。そこで耶舎はここにはるかにさかのぼった前世の物語として、蓮華面の名を出してそれがミヒラクラとなった、という本生話《ほんじょうわ》をもってそれをやわらげたのではないだろうか。

しかし彼は弾圧者を許さず、その事実を経典に書き加え、経典自体に『蓮華面経』の名を与えたのである。

《参考》現代語訳　法滅尽経

仁科　龍・訳

この経典も、「大正新脩大蔵経」の涅槃部に集録されている。いつ誰が翻訳したのかは不明で、経録には「失訳」となっている。涅槃部の最後にある短い経典である。

［経は「聞如是」で始まり、アーナンダの要請を受けた釈迦が、説法をする。場所は、クシナガラで、涅槃に入る三カ月前のことになっている。］

仏はアーナンダに告げられた。

「私が涅槃したのち、仏法が滅しようとする時になると、五逆の罪を犯す者たちが多くあらわれ、魔道が盛んに興ってくるであろう。悪魔と化した沙門が仏法を壊し、俗人の服装を着たり、身を飾る五色の袈裟を好んで、酒を飲み、肉をあぶり、生きものを殺して味をむさぼる。慈しみの心などなく、互いに憎みあい、ねたみあう。それでも中にはまともな菩薩がいて、精進して徳を修め、人びとからも敬われ、尊ばれるものがいないわけではない。人びとを平等に教え導き、貧しい人たちをあわれみ、老いたる人に気を配り、追いつめられて苦悩する人たちをたすけ、災難にあった人たちに救いの手をさしのべる。常に経典や仏像などをもって、奉仕すること、仏を礼拝することの大切さを教える。その思いは温かく、善を行ない、人を侵害することはない。自分を犠牲にしても他をたすけ、忍耐強く愛情深く和やかである。このような人がいると、悪魔と化した比丘たちはこれをねたみ、誹謗して、悪口を言い、寺から追い出して、その住居をうばってしまう。そうして彼ら魔僧たちは、道徳など修めず、寺廟などは荒れるにまかせ、修理など全くしない。そうして破れ崩れるにまかせることになる。ひたすら財物をかき集め、福徳ある修業など行なわない。使用人の奴婢を売り買いし、田を耕して種をまき、山林に火を放って焚やし、人たちを傷害して慈心なく、奴を比丘とし、婢を比丘尼にして、道をはずし、性的快楽におぼれ、仏の教えをないがしろにするのは、みなこのような者たちなのだ。役人につかまるのを避けたいために出家したり、月に一回ある僧尼の集会に出て、互いに戒律を守り、読誦確認することになっていても、いいかげんで、怠けて、まともに耳を傾けない。経など読まず、習わず、たとえ読める者がいても、語句の意味など分らない。そして勝手な解釈をするのだ。

そのくせ傲慢で、人に知られたがり、えらそうなそぶりして歩き、人の供養を受けたがるのだ。

こうした魔僧は、その命尽きたのち、五逆罪を犯したものが堕ちる同じ阿鼻地獄に生まれることになる。

そして、餓飢道・畜生道を巡って何万年もの間そこから抜け出ることはできないのだ。長大な時を経て、罪が終っても、今度は仏法僧の三宝なき、無仏の国に生まれるであろう。仏法が亡びようという時、女人は精進して功徳を得ようとつとめるが、男子は怠けてなげやりで、仏の教えなど聞く耳持たず、沙門（僧）を目にしても、まるで糞土《ふんど》のごとくにしか思わず、信仰する心などまったくおこさない。

仏の教えが滅尽する時ともなれば、諸天みな涙を流して悲しみ、大地から水が涸れて五穀実らず、疫病が流行して、多くの人たちが死ぬ。人々はみな苦しみ、役人は道理にあわない重税をとりたてにくるだろう。

人々は楽を求めて世間を乱し、悪人たちが多くはびこって、善人はほんのわずか。日も月も短くなり、人の寿命もそれにつれて短くなる。四十歳ともなれば、髪は白くなり、せいぜい生きても六十。男子の寿命は短くなるが、女人の寿命は長くなって七十から時に百歳にもなるだろう。

大いなる洪水が起り、水がひくことがない。世間の人はこの世界は常に変らずに在ると信じこんでいるけれど、大洪水のために、富める者も貧しくいやしい者も区別なく、水に溺れ、死んで水中を漂い、魚に食われてしまうだろう。

そのような時、菩薩や辟支仏や阿羅漢は、悪魔と化した悪僧たちに追い立てられて、仏教の集会に参加することができない。そこでその人たちは、山の中に福徳の地を求め、そこでこだわりなく仏法を守り、それをよろこびとする。そしてその者たちは、寿命がのび、諸天の加護をうけることになるであろう。

やがて月光菩薩が世に出られ、わが仏法を五十二年にわたって興すであろう。首楞厳経《しゅりょうごんぎょう》や般舟三昧《はんじゅさんまい》（経）がまず滅し去り、十二部経もまた滅してゆき、その文字・文言も二度と見ることができなくなるのだ。

沙門（僧）の袈裟おのずから白色に変わり、聖王去ってわが法も滅尽するであろう。

それは例えば、油燈の火が消えようとする一瞬、ひとしお灯が明るく輝くようなものだ。

その後、億年無量の時が過ぎ去った世に、弥勒仏があらわれて、修業され、仏となられることになっているのだ」（以下・略）

この経典は、最初に五、六行、最後に三行分ほどの経文があるが、ここではそれを省略して、いわばその教説だけをとりあげて現代訳したものである。分量的には『蓮華面経』の十分の一ほどの経典になる。

この経典は、『蓮華面経』では「諸悪比丘」といわれている僧たちを、「魔比丘」といっている。表現上はいっそう激しい言い方になっていることが注意されよう。

『蓮華面経』では、大乗仏教に登場するさまざまな天地異界のキャラクターたちが、順次涅槃の場に姿を現し、個別に〝別れの詩〟を投げかけるなどの、劇場型のプロットが工夫されているが、この『法滅尽経』では、そのように大がかりな舞台はない。そのかわり、一直線に、ひたすらに、サンガの構成員である僧尼の堕落・腐敗の種々相が鋭く、容赦なく語られる。仏法を守り、法を実践し、法を人々に世界に伝えるべき者たちの、目にあまる不条理・不道徳が、あばかれてゆく。傲慢と退廃による世俗化の魔界が、ほしいままにその本性をむき出しにして、仏法を破壊し、教団が崩壊してゆく様をこの経典は予告している。そして事実その予見通りに、釈迦牟尼なきあとの仏法は、汚れ、ねじ曲り、真実が見えなくなってゆくのであろう。

思うに、このような経典が、合誦（サンギーティ）によって成立したとは思えない。ほぼ同様な内容を語る経典は、『蓮華面経』もそうであるし、大部なものとしては、『月蔵経』も同様に、仏法の破滅を語る経文をもっている。

このような内容の経典はみな、いわゆる末法の闇を警告し、告発し、批判する意図をもって作られたものに違いない。

「合誦」によるのではなく、一人の創造力豊かな、学識高く、文学的表現力に長《た》けた、秀れた仏教者によって書かれたものではなかろうか。この『法滅尽経』は、「失訳」と経録にあるが、これはいわゆる「翻訳者が誰かは、記録が失われている（もしくは記録がそもそもない）ために分らない。」という意味かと考えられるのだが、本当はこれは中国で制作された経典ではなかろうか。分量が少ない上に、ほぼ対照的に類似した、たとえば『蓮華面経』などを参照して書かれたものであるように思われるのだ。もちろん、経典としてその内容に、すばらしいメッセージを発信している価値高いものであることには、何らの異論もない。作者は確かに、僧たちの世俗化し、頽廃してゆく姿をその目で、ごまかしなく、大いなる歎きをもって見ていたにちがいない。

追記—ミヒラクラに関する別伝

これまでは、『蓮華面経』に焦点を限定して本論を述べてきたが、ここでその中心となっている「ミヒラクラ」について、いま一つの記述があるので、以下参考として記してみる。

本論の中でもふれた書物で、三蔵法師・玄奘《げんじょう》の名で、唐の太宗皇帝に献じられた地理の書『大唐西域記』という大著がある。その第四巻の最初に磔迦国《たっかこく》の記述があって、そこに「摩醯邏矩羅《まけいらくら》」という名の王のことが語られている。これがあの「ミヒラクラ」王のことだと考えられている。注釈によれば、「インドのアッチラ王」というにふさわしい残虐この上ない王であったとされているようである。

なお、西域の言語では「ミヒラグラ」というのが原音らしく、それは「太陽の花」という意味で、ミヒラクラという言い方は、サンスクリット化したものであるようだ。そこで〝太陽の花〟と言えば、それは「ひまわり」のことを言うのではないだろうか。これは単に想像の域を出ないものではあるけれど、ミヒラクラという王のはるかな過去身・転生《てんしょう》する前の名が、蓮華面と言ったことと考え合わせると、この人物には〝花〟の名が何故か縁あって語られているようで興味深く思われる。

そこで、以下は『西域記』の語るところによる。首都はサーガラ。例のギリシャ人の王・ミリンダ（メナンドロス）もかつて都城をおいた所である。

このミヒラクラ王は、西暦五一五年に即位し、マガダ国の好日王（パーラーディティヤ）および耶輸達磨（ヤショーダルマ）と戦って敗れ、カシミールに退いて、五三〇年から十年間にわたって、仏教を迫害した。

その迫害の発端は、ミヒラクラは仏の教えに関心をもち、仏法を学ぼうとのこころが起こって、周囲の仏教僧たちに声をかけ、学識ある立派な僧を推挙するように命じた。

王命を受けた僧たちは、様々に相談しあったが、事柄の性質上、権力に近づくこと、名声を得ること、莫大な財産を持つことになること、これらを嫌い、誰一人王命に応ずる者がいなかった。

ところが多数の僧たちの中に、その昔かつての王家に仕えたことのある僕（めしつかい）がいることがわかり、その者を王の師として奏上した。ミヒラクラ王はその者の素性《すじょう》を知り、「仏法を敬い、名僧を得てともに語らい、信をよせようと考えておったのに、このような者を師僧だなどと言われて、どうして私が対等に論談などできようか。」と激怒。

そして王は、仏法にかかわる者を残らず殺害し、また追放し、十年に及ぶ仏教の大弾圧・迫害が始まった。

マガダ国のパーラーディティヤ大王は、深く仏教を尊崇し、人民に愛されていた。

ミヒラクラが戦火をひらくと、いったんは兵を引いたが、日頃の徳あって人民たちが立ちあがり、ミヒラクラ王は捕らえられて、王庭に引き出されてしまう。ミヒラクラは、捕らえられた時から衣で顔を覆いかくし、いかなることがあろうと、決して顔を見せなかった。

ミヒラクラは、パーラーディティヤ王の母后と面会した時、初めてその理由を語った。

ミヒラクラ曰《いわ》く、「自身はかつては貴国の敵であり、今はこうして捕らわれの身。国の治政を崩壊させ、国の祀《まつり》ごとを擲《なげう》ち、祖先に恥じ、人民にも会わせる顔がない。天地に愧《は》じ、みずから喪に服する意味から、顔を覆っているのである。」と。

王母は彼をあわれみ、その身を殺さず、北方の一小国を与えて生涯を終えるよう、王に進言した。好日王もこれをよしとして、適当な処置をとることにした。ところが、ここにミヒラクラの弟が兵を起こし、ミヒラクラは帰属する所を失って、カシミールの小村に身をひそめるしかなかった。

やがて歳月がめぐり、ミヒラクラはひそかに武力をたくわえ、ついに機をみて反乱を指揮してカシミール王を殺害し、勢いをかってガンダーラに侵攻した。

王と王族は殺害され、政府要人のことごとくが殺され、寺院は一つ残らず破壊され、僧尼の多くが惨殺された。そして人民の三分の二が殺され、残る三分の一の人民はみな兵士の奴婢として都城のサーガラへつれていかれた。そしてその後間もなくのこと、ミヒラクラは突然大地に倒れて、そのまま死亡してしまった。時に天空は暗雲に覆われ、大地は振動し、いきなり暴風が吹き起こった。

これを見聞した人たちは、無実の民をほしいままに惨害し、仏法を破壊したからには、無間地獄に堕ちて、そこからのがれることはできないであろうと、ミヒラクラをあわれんだ。

（原漢文：仁科抄訳）

以上が『大唐西域記』で語られたミヒラクラの生涯である。

玄奘三蔵がガンダーラを訪れたのは、これらの事件があった百二十年の後のこと。当時なお、過去の大事件に関してこれを知る古老もしくはその子孫たちがおり、彼は親しくその語るところを聞きとったと思われる。これも、ミヒラクラと名告った一人の人物の伝説を語り伝えたものとして、興味深く味わうことができる。

『蓮華面経』のその後

『蓮華面経』が、この名前による経典として姿をあらわしたのは、釈迦の滅後およそ一千年のことになる。そしてその後現在に至るまで、さらに千五百年の歳月が過ぎ去っている。経典の成立から現在に至る千五百年もの間、この経典はどのように歩いてきたのだろうか。インド僧なり、中国僧なり、あるいはわが国の僧たちで、この経典に出会い、これを読誦・考究した人はいたのだろうか。それともいなかったのだろうか。

長い年月の中で、この経典を見た人は、多くいたにちがいない。中国における公式な記録には、早くから集大成された一切経の存在があったのだから、これを読んだ人がいなかったとは思えない。読むには読んだけれども、特別に思考を刺激するほどの教説がないということで、それ以上には関心をひかなかったのかもしれない。確かに般若の空思想も説かれていないし、一切衆生に仏性があるとも言及されていない。すべての人間に仏の本願がかけられている、という信仰論もないし、悪人成仏も説かれていない。仏教の教義・教学上何か興味ある問題を提起しているわけでもないから、と素通りしていったのだろうか。あるいはそうかも知れない。そういう目で見たら、である。

あるいは、これを読んだ僧たちにとって、この経典に描かれた悪比丘たちのおそるべき様相が、自らの日常をあまりにリアルに反映していると感じとって、無視したのかもしれない。いずれにしても、宗旨・宗派を問わずこの経典について語る僧はいなかったように思われる。詳細に調べてみたわけではないので、断言することはできないが。

さらに考えてみて、この経典の題名が『蓮華面経』となっていることも、影響があったかもしれない。どういうことかというと、仮りにタイトルが「ミヒラクラ王経」とでも付けられていたら、歴史家などから教えられて、ガンダーラにおける破仏の物語として、語られることがあったかもしれない。他にも例えば、『阿育王経《あいくおうきょう》』という経典もあって、これはあのアショーカ王の事跡にふれた経典なのだ。また『那先比丘経《なせんびくきょう》』という長大な経典もある。これはパーリ語で書かれた原始仏教の経典群に入っているが、「那先比丘」というのは、仏教僧のナーガセーナの名をとったものである。この経典は、原典の経名はパーリ語で、『ミリンダ・パンハー』という。そしてミリンダというのは、北インド・バクトリアの王で、ギリシャ人・メナンドロスのことをさしている。経典名は、正しくは『ミリンダ王の問い』とするべきなのだが、仏教の側からは、ナーガセーナ長老の名の方をとって、『那先比丘経』とわざわざタイトルを換えているわけなのだ。これはギリシャ哲学に造詣の深いメナンドロス大王と仏教僧との対論を描いたもので、名称と形態について、存在に関して、行為とその主体、善と悪、霊魂の存在などなど、西洋哲学の諸問題を中心に展開する高度なダイアローグから成る経典として、古来からよく読まれているものだ。

仏教僧・ナーガセーナ、あるいは哲学者にして国王・メナンドロスの名を知っているなら、興味深く読まずにはいられないだろう。

同様に、「ミヒラクラ」の名を、歴史の文脈で知っていたら、そしてこの経典のタイトルが、『ミヒラクラ王経』とでも付けられていたら、破仏の歴史の中で多く語られてきたにちがいないと思うわけだ。しかし残念なことに、いかなる視点からもこの経典のことが語られることはなかった。

それに加えてもう一つある。

この『蓮華面経』は、経典の集大成された『大正新脩大蔵経』に集録されていることは、再三述べたが、そこにも問題がある。この『大蔵経』は、学術のレベルで世界最高最良のものであることに異論はない。現に洋の東西を問わず、仏教学者たちによって、研究の依り所とされている最高の文献である。問題は、そこに集録された漢訳経典は、漢訳原文そのままの白文なので、現代にあってはすでに専門家の学者の方々でも、解読解釈することがむずかしくなってきた、といわれている。

そのようなことから、せめてこれを、いわゆる漢文の読み下し・書き下し文に直した経典を作り、いま少し解り易く読めるようにしようという努力がなされた。その結果として、「国訳大蔵経」とか「国訳一切経」などが生まれ、以前からすればたいへん解り易いものとして見ることができるようになった。しかし、国訳といっても、経典の全部を、もれなく国訳することは、あまりに大部なので不可能。そこで、通例よく読まれているものを中心としたものに選別されている。

そして、『国訳大蔵経』にも、『国訳一切経』にも、『蓮華面経』は入っていない。つまりこの経典は、千五百年前に、那連提耶舎が漢語に翻訳したままで伝承してきたので、国訳も現代語訳も一度もされたことがない。

そのようなわけで、今回の現代語訳が最初の翻訳ということになる。

＊　＊　＊

先きにこの『蓮華面経』に関して、誰もふれた者がいない、と述べたが、実はいまのところ一人だけ、この経典に言及した僧がいた。もちろんまだ他にもいるかもしれないが、何もかも読み、調べることは不可能なので、この点は是非ご教示いただけたら幸いである。

その僧とは誰か。それはわが国の僧で、名を親鸞という。このお方は、まちがいなく、この経典を読み、そこに重大な意味を見出し、自身の思想の中に明確に位置付けて言及していることがわかるのだ。

彼が書き残したものの中で、『蓮華面経』と直結しているものは何か。それに関して、二つのものをあげることができる。

その一、『和讃』に一首。

その二、『親鸞書簡』の一通。

以下これについて順次ふれてみよう。

親鸞という名でしられる仏教者は、中世・乱世の只中を、九十歳というおどろくべき長い生涯をもった。思想家・詩人としても、今日に至るまで、常にあらゆる人たちから注目され、現在においても、わが国の仏教者の中で最重要な人物として位置付けられている。九十歳に近い年令になっても、精力的に著作活動をしており、多くの作品を残している。

それらの著作の中に、『和讃』といわれる今様形式の宗教詩があり、三百首以上もの歌詠が伝承されている。その作品群の中で、『正像末和讃《しょうぞうまつわさん》』というものがあって、五十八首、彼の八十五歳の時の作になる。そこに、次のように歌われた一首がある。

造悪このむわが弟子の
邪見・放逸さかりにて
末世にわが法破すべしと
蓮華面経にときたまふ

これは『蓮華面経』で、阿難（アーナンダ）に語られた仏滅後の未来記にある通り、「諸悪比丘」たちが姿をあらわし、仏法を破壊する、と予告した個所に対応している。『法滅尽経』では「魔僧」と指摘された、種々の欲望・情欲に狂った者たちの無惨な乱行の様子をとらえているものだ。親鸞はしかし、ただこの『蓮華面経』のストーリイを紹介しているわけではない。そのために作られた宗教詩ではない。彼はこの詩に託して、当時の社会の、宗教界・思想界の実態を告発しているのである。彼の若き時、それは三十五歳の時に体験した承元の法難といわれる、弾圧事件をふり返っている。それだけでとどまらず、現在に至るまでもなお、変わることなくくり返されている仏法の破壊を見つめている。仏法を破壊するものは誰か。釈迦がすでに『蓮華面経』で説かれた通り、仏法を破るものは、仏法者である。邪見にはしり、欲望のコントロールができなくなり、戒律を破って、好き放題のふるまいに狂った仏法者なる者たちが、仏法を破ってくるのだ、といっている。これは、時代を鋭く批判し、告発する意図を、『蓮華面経』の教説に託して、語っていると考えてまちがいないだろう。そういう意味において、『蓮華面経』は彼の批判原理を支える教説の一つとして、しっかりと読まれていたことが知られるのである。これがその一。

その二は、四十三通が伝承されている書簡、『ご消息』といわれるものの中に、明らかに『蓮華面経』から引用したと思われる文言をみることができる一節がある。

この書簡も八十五歳ころのもので、関東における念仏弾圧、そこに至る異端の信の発生と為政者への視覚が読みとれる。しかしこのわが国最大の弾圧事件のことは、また別に広範な視野からの分析が多くの研究者によって、詳細に論じられているので、ここではふれない。長い文面の結びのところで、親鸞はこう言っている。

「領家・地頭・名主などという行政にあたる者たちが、道理に合わないことをするからといっても、彼らが百姓たちを惑わすなどということはできないであろう。仏法を（外部の者の力で）破ることはできない。仏法を破る者とは、（内部にいる）仏法者が破るのだ。それを譬えていえば、獅子の身中の虫が獅子を喰らう、と（経典に）説かれている通りなのであって、（あえていえば）念仏者を仏法者が破りさまたげているのだ。」と。（仁科訳）

ここに引用されている「獅子身中の虫」の譬えは、そのまま『蓮華面経』の一節からとられたものだ。

『蓮華面経』上巻の半ば以降に、次のように出てくる。（原文のまま載せる。翻訳文は現代訳〈二一七〜二一八頁〉を参照願いたい。）

「阿難。譬如師（獅）子命絶身死。若空若地若水若陸。所有衆生不敢食彼師（獅）子身肉。惟（唯）師（獅）子身自生諸蟲（虫）。還自噉食師（獅）子之肉。」

この一節を引いて親鸞は、自身が体験した新興浄土教団の無惨な弾圧と、以後もくり返される念仏停止、黒衣の念仏僧の追放などなどの背後にうごめく、権力側と一体化した仏法者たちを告発しているのである。

彼には外にも『愚禿悲歎述懐』なる和讃十六首があって、その結びの文に、「この世の本寺・本山のいみじき僧と申すも法師と申すも、うきことなり。」と述べている。またその和讃の中には、「かなしきかなやこのごろの、和国の道俗みなともに、仏教の威儀をもととして、天地の鬼神を尊敬《そんきょう》す。」と、この世界の様相を、深く歎いているのである。

前の文は、「（親鸞在世の）現代にあっても、本山だとか大本山だとかに在られるお偉い僧とか法師など、うとましいかぎりだ。」といっている。文中にある「いみじき僧や法師」とは、誰を思い浮かべていたのだろうか。そのような文言を書きつける親鸞の胸の中は、うかがい知れないけれども、彼にあっては本山といい、僧・法師と書く以上は、明確な人物たちの顔をイメージしていたにちがいない。

また後の今様は、「この国では、出家した僧であれ在俗の人々であれみなともに、外面上は仏の教えを尊崇しているかによそおっているが、内心を割ってみればみな、天地の鬼神にひざまずき崇拝しているのだ。それを思うとこの上なく哀しく思われる。」という意味で、真実の教えからは程遠い迷信の中にある時代を悲歎している、としてよいだろう。いずれも八十五歳をこえようとしている一人のたくましい宗教者の声である。

以上が『蓮華面経』と出会ったことが明らかな事例の、その一かけらの記としたい。

おわりに

『蓮華面経』には、何の註釈書なく、漢文の読み下し文もなく、那連提耶舎が千五百年ほど前に漢語訳した原典だけが『大蔵経』の中で眠っていた。千五百年という長い長い眠りというほかない。たまたま、この経典と出会い、おぼつかないながらくり返し読むうちに、大よその意味が読みとれるようになり、書かれた内容が、確かな歴史の事実と対応していることが分って、調べ始めた。

この経典には、仏教の教義・教学上の興味ある主題が説かれているわけではないが、全体として、あの釈迦の生涯の終りを飾る「涅槃」の絵画を、さながらに描写しているかのように思われて、一種の「涅槃図」の絵解きとも味わうことができる。

そしてまた、経典の流れにしたがって全体の構成をみると、時の経過に添った仏教の歴史を展開して書いていることが分り、さらに興味がわいてきた。釈迦の伝記・仏伝も回顧的に記述されているし、何よりも、いかなる経典にも書かれていないガンダーラ仏教の滅亡とその中心人物の名が、この経典だけに出ているのも、極めて稀有なことがらなのだ。

そのような点から、この経典が独特な歴史感覚をもって制作されているものだ、ということも分ってきた。

エフタル（フン族）の王・ミヒラクラの転生前の名をもって、その名の蓮華面をもって、経のタイトルとしたのは、おそらくは訳者である那連提耶舎にちがいないと思われるが、それは彼がミヒラクラという兇暴な王と同時代人であり、その苛酷な弾圧を身をもって体験したことを語るものにちがいないと思うのだ。

こうして経典と、経典が生まれてきた背景の歴史的広がりとが一体となって、興味尽きない味わいがそこにある。

漢語・漢文には必らずしも強くないし、その専門の訓練を受けたわけではないが、縁あって出会うことができたこの経典を愛するあまりに、思いきって翻訳したものである。

多分、読みちがいや解釈のまちがいなどもあろうかと思われるが、すべては筆者の責任である。願わしいことは、それらについてご指摘なりご教示をいただければ幸いである。そのようにして、さらに訂正し改訂して、より良いものにできたら、と思う。その意味からも、本書はわが国最初の『蓮華面経』の試訳である、としておきたい。

むすびにかえて、以下のことばを引用して終りとしたい。

「書物とは、常に書物の外にある事柄について語るものだとばかり思っていた。それが今や、書物は書物について語る場合の珍しくないことが、それどころか書物同士で語り合っているみたいのことが、私にも分った。」

これは小説『薔薇《ばら》の名前』という物語りの中に出ることばで、ヨーロッパ中世の見習修道士・メルクのアドソが言ったことばだ。

彼の師とは、ウィリアム・バスカヴィル、フランチェスコ派の修道僧だ。その師は次のように言う。「一場の夢は一巻の書物なのだ。そして書物の多くは夢にほかならない。」と。書物を愛する者たちにとって、こころに滲みることばの一つであろう。（ウンベルト・エーコ、『薔薇の名前』・中島英昭訳）

以下に本書に関する参考図書をあげるが、確かにそれぞれの書物は、他の書物とつながり、応答し、互いに対話しているように感じられる。それらの書物の点と点を、それが示すままに糸をたどるならば、本書と同様な認識の旅を味わうことができることを付言して終りとする。

この書の出版につき雄山閣編集部の羽佐田真一氏ほかスタッフの皆さんにお世話になった。ここに記して感謝申し上げる。

二〇一六年・冬　仁科　龍

参考文献

『大乗仏教成立論序説』山田龍城　平楽寺書店（一九五九年）
『大唐西域記』水谷真成　平凡社（昭和四十六年）
『大唐西域記』国訳一切経・史伝部十六　大東出版社（昭和三十四年）
『洛陽伽藍記』国訳一切経・史伝部十七　大東出版社（昭和十五年）
『大唐大慈恩寺三蔵法師伝』国訳一切経・史伝部十一　大東出版社（昭和十五年）
『法顕伝・宋雲紀行』長沢和俊　平凡社（一九七一年）
『ミリンダ王の問い』中村　元　平凡社（昭和三十八年）
『シルクロード往来人物事典』東大寺教学部　同朋舎（一九八九年）
『シルクロード事典』前島信次　加藤九祚　芙蓉社（一九九三年）
『ブッダ最後の旅』中村　元　岩波書店（一九八〇年）
『仏陀の死』平等通昭　印度学研究所（昭和三十六年）
『アショーカ王』塚本啓祥　平楽寺書店（一九七三年）
『インド仏教思想史』ラダクリシュナン著　三枝充悳・羽矢辰夫訳　大蔵出版（昭和六十年）
『玄奘三蔵』前嶋信次　岩波書店（昭和二十七年）
『ゴータマ・ブッダ』中村　元　法蔵館（昭和三十三年）
『ブッダの生涯』H・サダーティッサ　桂紹隆・桂宥子訳　立風書房（一九八四年）
『知らされなかった釈尊の教え』渡辺照敬　白金書房（昭和四十九年）
『法滅尽経―すべては滅びるのか』由木義文　大蔵出版（一九九三年）
『釈迦の予言』菊村紀彦　雄山閣（昭和四十九年）

『親鸞著作集』全　金子大栄　法蔵館（昭和三十九年）
『真宗聖典』東本願寺（一九七八年）
『模範仏教辞典』大文館書店（昭和七年）
『仏教辞典』宇井白寿　大東出版社（昭和十五年）
『仏教語大辞典』中村　元　東京書籍（昭和五十六年）
『大蔵経典解説辞典』北辰社（一九九七年）

那連提耶舎・訳

漢訳原典　蓮華面経　巻上・下

＊現代語訳の原典は、『大正新脩大蔵経』の本文に依ったが、卍蔵本に訓点を付した刊本があることがわかり、編集部との話し合いにより、付録として当該本を載せることとした。（国立国会図書館所蔵）

蓮華面經卷上 〔大乘修多羅藏〕

隋天竺三藏那連提耶舍譯

如是我聞一時佛住毗舍離獼猴池岸上大重閣中如來不久當捨壽命爾時佛告阿難我今共汝往波波城彼有長者名毗沙門德吾欲化之阿難言唯然受如來教即隨佛行未入彼城有跋提河佛告阿難我今疲極可入河浴爾時世尊脫鬱多羅僧置河岸上入河澡洗佛告阿難汝可至心觀如來身三十二相以自莊嚴如是之身却後三月當入涅槃復告阿難汝當更觀如來之身如優曇華久遠乃現時時一出難出難見如是佛身過於彼華百千萬倍難出難見如是之身却後三月更不復現復告阿難汝當更觀如來之身如華鬘師取貫華線種種色華及種種香結作華鬘彼鬘成已觀者歡喜如來身者三十二相八十種好以自莊嚴閻浮提金光色明燄圓光一尋如是身者却後三月當般涅槃復告阿難汝當更觀如來之身如三十三天所住之地百寶莊嚴復有種種音樂快樂彼諸天等於彼寶地及天音樂不能暫捨亦不能記彼地寶色如是佛身三十二相不可遍觀何以故觀一一相心不能捨如是身者却後三月當般涅槃復告阿難汝當更觀如來之身譬如日月有大威德神通光明在佛身邊悉蔽不現是故佛身過彼日月最尊最勝如是之身却後三月當般涅槃復告阿難譬如師子諸獸中王如天帝釋大伊羅鉢象諸象中王佛身亦爾具大勢力獨步無畏如是之身却後三月當般涅槃復告阿難汝當更觀如來之身如須彌山王四寶所成處于大海安住不動其體堅實無有瑕隙如來之身過那羅延力百千萬倍不可為比如是之身却後三月當般涅槃復告阿難如來之身於無足二足多足眾生有色無色有想無想非有想非無想眾生之中如來色身最尊最勝如是之身却後三月當般涅槃復告阿難如小千世界千日千月千須彌山千弗于逮千瞿耶尼千鬱怛羅越千閻浮提千四天王千三十三天千帝釋天王千燄摩天千燄摩天王千兜率陀天千兜率陀天王千化樂天千化樂天王千他化自在天千他化自在天王千梵身天千大梵天王如是小千世界滿中諸天欲見如來面貌周盡不能得見何以故如來面光如百千電燄出過世間所有光明百千萬倍是故帝釋大梵天等常讚歎佛光明殊勝如是之身却後三月當般涅槃復告阿難莫作是念如來不盡貪瞋癡故自讚己身如來身者貪瞋癡使及彼習氣永盡無餘如是阿難如來應供正遍知有大威德汝當供侍如來生身以是因緣所得功德不可量不可數不

可思議無量無邊阿僧祇阿難汝今欲聞如來滅後未來衆生供養如來碎身舍利因緣事不爾時阿難偏袒右肩右膝著地合掌白佛言世尊今正是時大德婆伽婆今正是時惟願如來爲我宣說佛涅槃後諸衆生等供養如來碎身舍利因緣等事我聞是法至心受持廣爲他說佛告阿難汝善諦聽我今當說阿難如來入涅槃時入金剛三昧碎此肉身猶如芥子如是一分舍利向諸天所爾時帝釋天王及諸天衆見佛舍利知佛涅槃即雨天曼陀羅華摩訶曼陀羅華曼殊沙華摩訶曼殊沙華供養舍利如見佛身禮拜右繞有種阿耨多羅三藐三菩提善根有種聲聞善根有種辟支佛善根有一分舍利向龍世界中爾時娑伽羅龍王無量龍等見佛舍利大設供養以因陀羅寶摩訶因陀羅寶火珠寶清水寶如是無量種種諸寶持用供養碎身舍利禮拜右繞作供養已是時龍等各自發願有發阿耨多羅三藐三菩提願者有發聲聞菩提願者有發辟支佛菩提願者有一分舍利向夜叉世界爾時毗沙門王及餘無量大夜叉將見碎身舍利以種種華末香燒香燈明音樂如是無量供養舍利禮拜合掌右繞恭敬有發無上大菩提願者有發聲聞願有發辟支佛願彼餘舍利在閻浮提當來有王名阿輸迦統一閻浮提此王爲供

養舍利故造作八萬四千塔置此舍利而供養之此閻浮提復有六萬諸王亦當供養碎身舍利以諸華鬘種種香等燈明音樂供養禮拜右繞恭敬有種無上大菩提善根有種聲聞善根有種辟支佛善根有即捨家出家於佛法中信心清淨剃除鬚髮而披法服精勤修道皆悉漏盡而般涅槃如是阿難如來應供正偏知有大威德以彼法身依生身故供養生身舍利因緣所得功德無量無邊阿僧祇不可數不可說爾時如來作如是念我此三阿僧祇劫勤苦所成佛法欲令久住於世間故當往諸天諸阿修羅諸龍迦樓羅摩睺羅伽等所住之處付囑佛法爾時如來即於閻浮提沒三十三天中出爾時帝釋天王見世尊已即敷高座奉迎如來白佛言世尊願受此座爾時世尊即坐其座帝釋天王與百千萬衆頂禮佛足住在一面佛告帝釋言汝今當知吾亦不久當般涅槃以此佛法囑累於汝汝當護持如是至三帝釋天王悲泣雨面收淚而言世尊涅槃一何疾哉如來涅槃何其太速世間法眼於茲永滅如佛所教是我力分即當護持恭敬供養如來昔於兜率陀天降神母胎我於爾時與忉利衆常作守護及佛生時亦與諸天共來守護如來坐於菩提樹下破八千萬億魔軍得阿耨多羅三藐三菩提時我與諸天亦常守護佛

於波羅捺鹿野苑中三轉十二行法輪時我與天衆亦常守護。我今無力能使如來不入涅槃無力能護爾時世尊種種說法勸喩安慰示教利喜帝釋諸天令護佛法從天上沒即於娑伽羅龍王宮出爾時龍王見如來至即時敷座佛坐其座告龍王曰汝今當知如來不久入於涅槃我以佛法囑累於汝汝當守護無令斷絕龍王當知此龍世界有諸惡龍多生瞋恚不知罪福爲惡卒暴破壞我法是故我今以此佛法囑累於汝爾時龍王悲泣雨面收淚而言世尊我諸龍等盲無慧眼是故今者生畜生中。若佛滅後龍世界空我等捨命不知未來當生何處諸佛如來是衆生寶云何今者欲般涅槃世間眼滅爾時世尊示教利喜娑伽羅王令護佛法在龍宮沒於德叉迦龍王宮出爾時龍王爲佛敷座佛坐其座龍王復與百萬億龍頂禮佛足却住一面佛告龍王汝等當知如來不久入無漏界而般涅槃今以佛法囑累於汝至心守護爾時龍王悲泣雨面以手收淚而白佛言如來滅度世間眼滅諸佛如來是衆生寶。若佛滅度我今不知當生何處佛爲龍王種種說法示教利喜即從彼沒於黑色龍王宮中出爾時龍王爲佛敷座佛坐其座黑色龍王與百萬億龍衆頂禮佛足却住一面佛告龍王汝等當知如來不久入般涅槃我以佛法囑累於汝汝當至心而守護之爾時龍王悲泣雨面捫淚而言如來滅度世間眼滅諸佛如來是衆生寶若佛滅度我今不知當生何處佛爲說法示教利喜即從彼沒於夜叉世界出爾時毗沙門王爲佛敷座佛坐其座毗沙門王與百萬億夜叉之衆頂禮佛足却坐一面爾時毗留勒叉天王與百萬億鳩槃茶衆頂禮佛足却坐一面爾時毗留博叉天王與百萬億諸龍之衆頂禮佛足却坐一面爾時提頭賴吒天王與百萬億乾闥婆衆頂禮佛足却坐一面爾時大夜叉將般脂迦槃折邏旃茶婆多耆利兮摩跋多摩尼跋陀富那跋陀如是一切諸夜叉將頂禮佛足却坐一面爾時佛告四天大王及夜叉將乾闥婆將鳩槃茶將諸龍將言汝等當知如來不久入般涅槃我以佛法囑累於汝當好守護第二第三亦如是說汝等當知夜叉國中諸惡夜叉鳩槃茶國惡鳩槃茶乾闥婆國惡乾闥婆諸龍國土有諸惡龍如是衆生多起瞋恚不知罪福爲惡卒暴破我三阿僧祇劫勤苦所修無上佛法是故我今囑累汝等時四天王及夜叉將乃至龍將悲泣雨面捫淚而白佛言世尊涅槃何其太速如來滅度一何疾哉。爲死摩竭之所呑噬爾時世尊種種說法示教利喜即從彼沒閻浮提出爾時世尊作如是念我所作事今已作竟諸惡衆生

今已調伏可入安隱寂滅涅槃佛告阿難生死可厭吾今
不久欲入涅槃爾時阿難生大苦惱悲泣雨面如箭入心
悶絶倒躃宛轉于地而作是言世尊涅槃何其太速如來
滅度一何疾哉世間眼滅我復更當與誰持鉢更復持扇
在誰邊立不復更聞甘露之法誰復與我說甘露味我今
更復隨誰後行不復更見殊勝日月圓滿之面尊者舍利
弗等大智慧人已入涅槃而佛如來今復滅度世間闇冥
失智慧眼智須彌王今欲崩散佛樹欲倒法橋欲絶法舡
欲沉法炬欲滅正法日月將墜於地解脫之門今欲閉塞
三惡道門今將欲開三阿僧祇劫所集法聚將沒不久爾
時佛告長老阿難汝莫憂愁莫復啼哭莫大叫喚搥匈哽
咽悶絶躃地何以故世間生者是有爲法會歸無常欲令
此法不失不壞而常住者無有是處爾時世尊種種說法
安慰勸喩示教利喜囑法藏已默然而住爾時世尊復作
是念阿難比丘爲憂愁刺深入其心我今當拔彼憂愁刺
告阿難言汝今欲見未來事不我見來世如觀現在當爲
汝說爾時阿難偏袒右肩右膝著地合掌向佛頂禮佛足
而白佛言大德世尊當爲我說今正是時我聞法已當奉
受持廣宣流布佛告阿難諦聽至心我今當說阿難未來
之時有諸破戒比丘身著袈裟遊行城邑往來聚落住親
里家彼非比丘又非白衣畜養婦妾產育男女復有比丘
住婬女家復有比丘婬比丘尼復有比丘貯畜金銀造作
生業以自活命復有比丘通致使驛以自活命復有比丘
專行醫藥以自活命復有比丘圍碁六博以自活命復有
比丘爲他卜筮以自活命復有比丘爲他呪彼死屍令起
遣殺怨家以自活命復有比丘爲他誦呪驅遣鬼神多取
財物以自活命復有比丘專行殺生以自活命復有比丘
住僧伽藍私自費用佛法僧物以自活命復有比丘內實
犯戒外示護持受人信施復有比丘雖不破戒而懷慳惜
衣服飲食及以鄙悋衆僧之物不與客僧復有比丘雖不
破戒悋惜衆僧房舍牀座不與客僧復有比丘雖不破戒
爲諸檀越供養禮拜多得財利其心不欲令餘比丘受人
信施惟欲自受復有比丘實非羅漢而常詐稱得羅漢果
欲令人知我是羅漢復有比丘多受檀越四事供養內無
實德惟財貪心但爲活命不爲修道復有比丘興利商賈
以自養活復有比丘專行偸盜以自養活復有比丘畜養
象馬駝驢牛羊乃至賣買以自養活復有比丘販賣奴婢
以自養活復有比丘屠殺牛羊以自養活復有比丘受募
入陣征戰討伐多殺衆人以求勳賞復有比丘穿踰牆壁
盜他財物以自活命復有比丘專行劫奪攻破城邑及與

聚落以自活命復有比丘毀壞佛塔取其寶物以自活命如是無量地獄因緣捨命之後皆墮地獄阿難譬如師子命絕身死若空若地若水若陸所有衆生不敢食彼師子身肉惟師子身自生諸蟲還自噉食師子之肉阿難我之佛法非餘能壞是我法中諸惡比丘猶如毒刺破我三阿僧祇劫積行勤苦所集佛法阿難譬如有人入於大海至寶渚中多取寶物置於船上。欲渡大海於中沈沒佛之正法如彼寶船當來破戒諸惡比丘多樂造作種種惡業滅我佛法沈沒不現阿難如來涅槃不久之間正法當亂正法亂已復有種種諸惡比丘出現於世不信如來得證無漏寂滅涅槃況復信有世間餘人得阿羅漢人涅槃者阿難如來所有正法名味句義所謂修多羅祇夜鞞迦曷羅伽陀憂陀那尼陀那阿波陀那伊帝鼻利多伽。闍多迦。裴富略。阿浮陀達摩。優波提舍十二部經爲惡比丘之所毀滅彼諸人等樂作文章綺飾言辭多有如是諸惡比丘破我佛法爾時阿難白佛言世尊當來之世如是破戒諸惡比丘而出生耶佛言如是如是阿難未來之世當有如是諸惡比丘出現於世雖披法服剃除鬚髮破我佛法爾時阿難作如是念以佛力故可令我見未來之世如是事不爾時如來以神通力即令阿難悉見未來諸惡比丘以兒

坐膝置婦其傍復見種種諸非法事爾時阿難見此事已心大怖畏身毛皆竪即白佛言世尊如來速入涅槃今正是時何用見此未來之世如是惡事佛告阿難汝意云何如來向說諸惡比丘惡業報果。豈是餘人所能知不阿難白佛言世尊唯有如來乃能知此未來之世諸惡業報佛言善哉善哉阿難實如汝說唯有如來乃能知之阿難汝今頗見佛未涅槃諸惡比丘圍繞如來爲說法不阿難白言無如是事佛言阿難善哉善哉如汝所說如來現在實無如是諸惡比丘圍繞如來佛爲說法佛言阿難未來之世多有在家白衣得生天上多有出家之人墮於地獄餓鬼畜生復告阿難善惡之業終不敗亡我於過去曾作商主入於大海活多人故手殺一人以是業緣乃至成佛猶尚身受金鏘之報爾時帝釋天王與三十三天衆疾至佛所頂禮佛足却住一面毗摩天王與百萬億毗摩大衆疾至佛所頂禮佛足却坐一面刪兜率陀天王與百萬億刪兜率陀天衆疾至佛所頂禮佛足却坐一面化樂天王與百萬億化樂大衆疾至佛所頂禮佛足却坐一面他化自在天王與百萬億他化自在天衆疾至佛所頂禮佛足却坐一面爾時毗摩質多羅阿脩羅王與百萬億阿脩羅衆疾至佛所頂禮佛足却坐一面爾時娑伽羅龍王與百萬

億龍衆疾至佛所頂禮佛足却坐一面皆於一念一刹那一無虛律多頃諸天阿脩羅迦樓羅乾闥婆緊陀羅摩睺羅伽等於虛空中遍滿十二由旬皆爲最後見如來故爾時佛告阿難此道場菩提樹最勝殊妙過去諸佛皆於此處證阿耨多羅三藐三菩提未來諸佛亦於此處得阿耨多羅三藐三菩提現在我身又於此處破十八億魔軍得阿耨多羅三藐三菩提如是阿難我今不久當般涅槃復次阿難藍比尼園最勝最妙是佛如來最後生處復次阿難摩耶夫人是大福德乃能生出人中之寶復次阿難淨飯國王是大福德乃作一切諸衆生中最勝寶父復次阿難毗舍離城比嗜離國最勝最妙王舍大城摩伽陀國最勝最妙七庵婆羅樹處亦妙罹就摩若尼俱陀樹處亦勝亦妙裴囉多豆囉多豆囉尼憩處亦勝亦妙力士生地乃是過去轉輪聖王解寶天冠在此安置辟支佛塔是我焚身最勝妙地復次阿難此閻浮提最勝好處衆生於中樂貪壽命是故我今於此涅槃我於三阿僧祇劫所集之法不久當滅爾時世尊慰喩阿難令心歡喜除其愁刺付囑法已告阿難言吾今與汝可往諸國阿難唯然受如來教爾時世尊至波波城所應度者皆悉度訖復往諸國教化無量百億那由他衆生皆成就已爾時阿難隨從佛行如是次第至摩伽陀國道場菩提之樹世尊繞樹行六帀已即於樹下結跏趺坐佛告阿難如來不久後十五日當般涅槃爾時諸天阿脩羅迦樓羅乾闥婆緊那羅摩睺羅伽等作如是念如來不久於十五日當般涅槃我等皆當最後禮拜佛告阿難莫作是念謂佛世尊有貪瞋癡讚歎於此閻浮提處而如來者離貪瞋癡此三界處是衆生生處於三界中而此欲界是諸衆生習三惡業又造人身及與天業色界無色界業乃至非想非非想業說此語已佛起于座即時此地六種震動無量百千萬億那由他諸天於虛空中憂愁啼哭作如是言如是衆生中寶不久當滅

蓮華面經卷上

壬寅歲高麗國大藏都監奉
勅雕造

蓮華面經卷下

隋天竺三藏那連提耶舍譯

爾時世尊離菩提樹毗沙門王共百萬億夜叉之衆同時擧聲悲啼雨淚以手拭淚而說偈言

如來容色甚微妙　超勝衆生無比者
如是莊嚴殊特身　不久之間當滅度

爾時帝釋天王復與百千億三十三天衆同時舉聲悲泣雨涙以手抆涙而說偈言

如來面相正圓滿　形色殊勝於日月
一切人天應供者　我等不復得瞻見

爾時須燄摩天王與百萬億須燄摩天衆同時舉聲悲泣雨涙以手抆涙而說偈言

人中精進最雄猛　威力能破諸魔軍
甘蔗種中釋師子　今為無常所食噉

爾時刪兜率陀天復與百萬億刪兜率陀天衆同時舉聲悲泣雨涙以手抆涙而說偈言

見者無厭如藥王　出世猶如大明燈
如是智眼今滅度　世間當復皆闇冥

是時化樂天王復與百萬億化樂天衆同時舉聲悲泣雨涙以手抆涙而說偈言

安步不動勝師子　面貌圓滿過月形
更不履行於此地　千輻相跡不復見

是時魔王他化自在天王心大歡喜安隱快樂復與百萬億他化自在天衆疾至佛所合掌向佛而說偈言

諸惡衆生已調伏　大癡獷盡永無餘
何故猶住於世間　惟願如來速涅槃

是時大梵天王瞋彼魔王作如是言咄哉魔王大惡衆生諸佛如來是最勝寶汝今云何欲令世尊速入涅槃　爾時大梵天王復與百萬億諸梵天衆同時舉聲悲泣雨涙以手抆涙而說偈言

於此現在及未來　梵天世界餘天處
初未曾見如佛身　清淨滿足端嚴面

爾時毗摩質多阿修羅王復與百萬億阿修羅衆同時舉聲悲泣雨涙以手抆涙而說偈言

佛色功德無有量　無有能盡其邊際
利益脩羅及餘趣　今若滅度世間空

是時娑伽羅龍王與百萬億諸龍衆等同時舉聲悲泣雨涙以手抆涙而說偈言

伊羅鉢象數滿千　不比如來一節力
如是大力雄猛者　今為無常所破壞

是時毗留勒叉天王虐百萬億鳩槃茶衆同時舉聲悲泣雨涙以手抆涙而說偈言

南無大覺妙蓮華　從彼清淨戒池生
示現無常不久相　今當傾墜永寂滅

是時毗留博叉天王與百萬億諸龍衆等同時舉聲悲泣雨涙以手抆涙而說偈言

如來面形如滿月　光明照曜猶日輪
如是不久住於世　示爲無常所呑食
是時毗沙門天王與百萬億夜叉衆同時舉聲悲泣雨涙
以手抆涙而說偈言
佛身金色最殊妙　三十二相自莊嚴
不久當爲無常力　破壞淸淨大牟尼
爾時提頭賴吒天王與百萬億龍衆同時舉聲悲泣雨涙
以手抆涙而說偈言
如來身色甚希有　於三界中無有比
如是不久當滅度　爲彼無常之所覊
爾時大夜叉將名般脂迦與百萬億夜叉衆等同時舉聲
悲泣雨涙以手抆涙而說偈言
佛聲殊勝踰梵天　出過迦陵頻伽聲
如來不久當涅槃　不復更聞甘露法
爾時夜叉大將名般遮羅與百萬億夜叉衆等同時舉聲
悲泣雨涙以手抆涙而說偈言
世尊金色光明身　功德莊嚴滿月面
眉間白毫殊特相　我今最後歸命禮
爾時大夜叉將摩尼跋陀羅與百萬億夜叉衆等同時舉
聲悲泣雨涙以手抆涙而說偈言

三十有二上妙相　八十種好自莊嚴
當爲無常金剛主　摧碎大聖牟尼尊
爾時大夜叉將富那跋陀與百萬億夜叉衆等同時舉聲
悲泣雨涙以手抆涙而說偈言
過去世中一切佛　及以未來諸世尊
大力釋種師子王　無常師子之所害
是時大夜叉將摩侯利地迦與百萬億夜叉衆等同時舉
聲悲泣雨涙以手抆涙而說偈言
我今最後見牟尼　於是不復更奉覲
最後禮佛千輻輪　丘墟悉平脚足者
是時大夜叉將佉陀羅迦與百萬億夜叉衆等同時舉聲
悲泣雨涙以手抆涙而說偈言
咄哉大惡無常相　破壞一切諸衆生
如是衆生無上寶　亦入寂滅不久住
是時大夜叉將名金毗羅與百萬億夜叉衆等同時舉聲
悲泣雨涙以手抆涙而說偈言
我今歸依禮佛樹　生於持戒大地中
乃爲無常之斧鉞　不久斫倒大牟尼
爾時大夜叉將娑多姞利與百萬億夜叉衆悲泣雨涙以
手抆涙而說偈言

眉間白毫相　照曜如月輪　目淨如青蓮
希有不復見
爾時地神天與百萬億夜叉衆悲泣雨淚以手抆淚而說
偈言
我今禮雄猛　人中最殊勝　兩足中最上
南無大牟尼
爾時菩提樹天悲泣雨淚以手抆淚而說偈言
此處破魔王　及破魔眷屬　大牟尼不久
無常魔所滅
爾時祇林神悲泣雨淚以手抆淚而說偈言
祇神林當空　竹林亦如是　無常坑極深
如來入不現
爾時金剛密迹與百萬億夜叉衆悲泣雨淚以手抆淚而
說偈言
如是最勝城　亦是大豐地　捨釋迦種姓
當向何方所
爾時藍毗尼林神悲泣雨淚以手抆淚而說偈言
淨飯國王先已滅　摩耶夫人亦滅度
如來今欲入涅槃　如是寂滅不可見
爾時迦毗羅城神疾至佛所悲泣雨淚宛轉在地作如是
言如來涅槃何其太速世尊涅槃一何疾哉世間眼滅而
說偈言
藍毗尼園佛生處　長大在於迦毗城
其光出過於千日　今最後見更不見
爾時菩提樹神與諸天阿脩羅迦樓羅緊陀羅摩睺羅伽
於虛空中出大音聲悲啼號哭而作是言佛是衆生最勝
之寶不久當沒爾時世尊出乎梵音而告諸天阿脩羅迦
樓羅乾闥婆摩睺羅伽衆言汝等莫啼莫作異語莫生憂
惱以手椎胸令心迷悶何有世間而受生者因緣和合有
爲之法而得久住若欲强令無常之法不滅壞者無有是
處爾時世尊示教利喜諸天阿脩羅迦樓羅乾闥婆摩睺
羅伽等生歡喜已是時諸天乃至摩睺羅伽等右繞世尊
還向本處　佛告阿難我昔於彼阿波羅龍王處記罽賓
國我涅槃後其國熾盛安隱豐樂如鬱怛羅越佛法熾盛
多有羅漢而住彼國亦有無量如來弟子此閻浮提所有
羅漢皆往彼國猶如兜率天處如來所有名身句身謂
修多羅　祇夜　鞞迦曷羅那　伽他　優陀那　尼陀
那　阿波陀那　伊帝鼻利多劍　伽闍多迦裴富略
阿浮陀達摩　優波提舍
彼諸羅漢結集如來十二部經廣造諸論彼罽賓國猶如

帝釋歡喜之園亦如阿耨清涼之池復有頗羅墮逝賓頭樓等皆樂住彼罽賓國土不退佛乘阿羅漢等亦住彼國復有因陀羅摩那阿羅漢白項阿羅漢等復於如來所說法藏有漏無漏之法皆悉撰集廣行流布阿難我涅槃已最後法身彼等建立於未來復有金毗羅等五諸天子生罽賓國廣令我法流布於世大設供養我諸弟子於閻浮提初未曾有如是大會佛告阿難於未來世罽賓國土當作如是大法之會阿難彼五天子滅度之後有富蘭那外道弟子名蓮華面聰明智慧善解天文二十八宿五星諸度身如金色此大癡人已曾供養四阿羅漢當供養時作如是誓願我未來破壞佛法以其供養阿羅漢故世世受於端正之身於最後身生國王家身爲國王名寐吱曷羅俱邏而滅我法此大癡人破碎我盋既破盋已生於阿鼻大地獄中此大癡人命終之後有七天子次第捨身生罽賓國復更建立如來正法大設供養阿難以破盋故我諸弟子漸汙淨戒盋初破時諸比丘等雖汙清淨戒智如牛王能破外道經第二時此閻浮提諸比丘等破清淨戒樂作不善身行偷盜耕田藥植多貪貯畜好衣好盋不樂讀誦修多羅毗尼阿毗曇如是阿難樂讀樂誦智慧之人悉皆滅度是時多有諸比丘等諂曲嫉妬多起非法以諸比丘不如法故諸國王等不依王法以王不如王法治故其國人民多行增上十不善業以惡業故此地多生荊棘毒草土沙礫石阿難當於爾時此閻浮提五種精味失力失味所謂酥油鹽石蜜蜜如是五種失力味故爾時衆生復更多行增上惡業以其多行惡不善故佛破碎盋當至北方爾時北方諸衆生等見佛破盋大設供養以種種華燒香塗香燈明華鬘種種音樂供養此盋有發阿耨多羅三藐三菩提心者有發辟支佛心者有發聲聞心者彼破碎盋當向波羅盋多國彼國人民見佛碎盋以種種華燒香末香塗香燈明華鬘種種音樂供養此盋有發阿耨多羅三藐三菩提心者有發聲聞心者有發辟支佛心者阿難此佛碎盋以佛力故亦是衆生善根感故我此碎盋自然還復如本不異於後不久我盋即於閻浮提沒現於娑伽龍王宮中當沒之時此閻浮提七日七夜皆大黑闇日月威光悉不復現地大震動惡雷掣電於虛空中而出惡聲黑風卒起極大怖畏天人阿修羅迦樓羅乾闥婆摩睺羅伽等皆大號哭淚下如雨如是阿難此盋當爾初沒之時如來法律亦沒不現爾時魔王見法律滅心大歡喜心大安隱於虛空中作如是言瞿曇法滅我當教化諸衆生等自作諸惡亦教他作以魔教故城邑聚落迭相殺害爾時

魔王以教衆生廣作惡故生身陷入阿鼻地獄爾時娑伽羅龍王見佛盋已以種種寶因陀尼羅寶摩訶尼羅寶火珠寶清水寶如是大寶大設供養至于七日禮拜右繞是諸龍等有發無上菩提心者有發聲聞心者有發辟支佛心者爾時娑伽羅龍王以手捧盋而說偈言

諸相莊嚴手　受種種味食　盛置於此盋
如是持用食

佛告阿難如是我盋於娑伽羅龍王宮沒於四天王宮出爾時四天王毗留勒叉毗留博叉毗沙門提頭賴吒七日七夜大設供養以種種華種種華鬘種種塗香種種燒香種種燈明種種音樂供養禮拜已時諸天衆有發無上菩提心者有發聲聞心者有發辟支佛心者爾時毗留勒鳩槃茶王以手捧盋而說偈言

如來最後食　在於鐵師家　盋爲化衆生
而來於此處

佛告阿難如是我盋過七日已於四天宮沒三十三天宮出爾時佛母摩耶夫人見佛盋已憂愁苦惱如箭入心難可堪忍宛轉于地猶如圓木作如是言如來涅槃一何疾哉修伽陀滅何其太速世間眼滅佛樹傾倒佛須彌山崩佛燈亦滅法泉枯竭無常魔日婪佛蓮華爾時佛母摩耶夫人以手捧盋告於一切諸天阿修羅迦樓羅乾闥婆緊那羅摩睺羅伽等言諸天諦聽此是釋迦如來常受用盋第一勇猛面貌圓滿過日月者影現此盋復次諸天如是之盋復於王舍大城之中受於尸利掘多毒食諸天諦聽釋迦牟尼大雄猛者滿腹城內修摩伽陀家用此盋食諸天諦聽如來爲化優樓頻螺迦葉及大毒龍以彼惡龍內此盋中諸天諦聽以業緣故於裴連多國四月之中復以此盋受馬麥食天衆諦聽釋迦如來以大悲故復以此盋受於最下極貧者食諸天諦聽釋迦如來復以此盋於娑伽羅龍王宮內受種種食諸天諦聽釋迦如來於夏四月復以此盋受我等食諸天諦聽釋迦如來復以此盋覆於訶利鬼母最小之子名必利鹽迦羅夜叉以其惡心常食人血故調伏之于時佛母摩耶夫人以手捧盋而說偈言

隨佛心欲受　皆入於盋中　佛於我腹內
滿足於十月

爾時帝釋天王七日七夜以種種天華天香天栴檀香大設供養禮拜右繞作是供已時諸天衆有發無上菩提心者有發聲聞心者有發辟支佛心者爾時天王以手捧盋而說偈言

今此殊勝盋　能長衆生智　佛身亦如是

成就諸功德

佛告阿難如是我盋過七日已於三十三天中沒㷔摩天中出爾時㷔摩天主見佛盋已七日七夜種種供養以天曼陀華天栴檀香種種華種種音樂供養佛盋禮拜右繞是時諸天有發無上菩提心者有發聲聞心者有發辟支佛心者爾時㷔摩天主以手捧盋而說偈言

千萬億衆生　見盋皆歡喜　能生勝妙果
牟尼使來此

佛告阿難如是我盋過七日已於㷔摩天沒兜率陀天出爾時兜率陀天王見佛盋已七日七夜以天曼陀華摩訶曼陀華及餘種種妙華種種香種種音樂大設供養禮拜右繞以手捧盋而說偈言

上中下衆生　佛起慈悲心　此盋受食已
佛使至於此

佛告阿難如是我盋過七日已於兜率天沒化樂天出爾時化樂天王見佛盋已七日七夜以種種天華種種天香種種天音樂大設供養禮拜右繞是時天衆有發無上大菩提心者有發聲聞心者有發辟支佛心者爾時天王以手捧盋而說偈言

希有大導師　悲愍於衆生　爲利衆生故
使盋來於此

佛告阿難時諸天阿脩羅迦樓羅乾闥婆緊陀羅摩睺羅伽以天曼陀華摩訶曼陀華及餘種種華種種香天栴檀香末香供養盋已即以此盋送至娑伽羅龍王宮中佛言阿難此閻浮提及餘十方所有佛盋及佛舍利皆在娑伽羅龍王宮中佛告阿難如是我盋及我舍利於未來世於此地沒直過八萬由旬住金剛際阿難我今語汝未來之世諸衆生等壽命八萬四千歲時彌勒如來應供正遍知三十二相八十種好身紫金色圓光一尋其聲猶如大梵天鼓迦陵伽音爾時我盋及我舍利從金剛際出至閻浮提彌勒佛所盋及舍利住虛空中放五色光所謂青黃赤白頗梨雜色如是阿難彼五色光復至其餘一切天處到彼天已於其光中出聲說偈

一切行無常　一切法無我　及寂滅涅槃
此三是法印

其光復至一切地獄而說偈言

一切行無常　一切法無我　及寂滅涅槃
此三是法印

佛告阿難佛盋舍利所放光明復更至於十方世界於其光中而說偈言

一切行無常　一切法無我　及寂滅涅槃
此三是法印
佛告阿難如是我盋及我舍利所放光明十方世界作佛事已還至本處在於舍利佛盋之上於虛空中成大光明雲蓋而住阿難舍利及盋現大希有如是等事現此神通希有事時八十百億衆生得阿羅漢果千億衆生剃髮出家信心清淨一萬衆生發阿耨多羅三藐三菩提心皆不退轉阿難此盋舍利廣行教化諸衆生已於彌勒前虛空中住爾時彌勒佛以手捧盋及佛舍利告諸天人阿脩羅迦樓羅乾闥婆緊那羅摩睺羅伽言汝等當知此盋舍利乃是釋迦牟尼如來雄猛大士信戒多聞精進定智之所熏修汝等當知釋迦牟尼雄猛大士能令無量百千那由他億諸衆生等住涅槃城出過優曇鉢華百千億倍盋及舍利故來至此爾時彌勒三藐三佛陀爲我此盋及我舍利起四寶塔以舍利盋置此塔中爾時彌勒佛及諸天人阿脩羅迦樓羅乾闥婆緊那羅摩睺羅伽等大設供養恭敬禮拜盋舍利塔等。　佛告阿難如來應供正遍知舍利及鉢有大威德阿難汝以給侍如來生身所生功德無量無邊不可思議阿僧祇爾時佛爲阿難說未來事已復告阿難吾當與汝往諸國土如來不久却後七日當入涅槃

阿難白佛言唯然受教爾時佛與阿難次第至諸國土城邑度脫無量百千萬億那由他諸衆生已往鐵師子純陀之家此是如來最後食處爾時世尊受其食已而說偈言
我今最後食　在於純陀家　如是五衆身
不久當滅度
爾時佛與阿難至拘尸那城種種方便教化拘尸那力士已從拘尸那城出至優波跋多那娑羅雙樹間爾時世尊北首而臥時須跋陀羅來至佛所頂禮如來向佛而坐佛爲說法得阿羅漢果

蓮華面經卷下

壬寅歲高麗國大藏都監奉
敕雕造

寶永四丁亥五月廿五日　貝哲　初校畢
同　歲八月初四日　榮潤　復校了

■著者略歴

仁科　龍（にしな　りゅう）

1940年（昭和15）新潟に生まれる。本名・松浦龍夫。
早稲田大学文学部卒。作家・評論家。

著書：『親鸞の妻・恵信尼』（共著・雄山閣）
『歎異抄入門』（雄山閣）
『親鸞辞典』（分担執筆・東京堂出版）
『親鸞講座』全三巻（日本カルチャー協会）
詩集：『くもりガラスの時』（獏出版）ほか。
評論：「ウイグルの詩人キキ」
「カシミールの詩人ビルハナ」
「仏教詩人アシュヴァゴーシャ」
「シルクロード変相」
「ドラキュラ伯爵の周辺」
「アメリカン・ドリーム」ほか多数。
現住所：東京都板橋区双葉町23-4
真宗大谷派（東本願寺）即得寺内

2017年1月20日　初版発行　《検印省略》

現代語訳《げんだいごやく》 蓮華面経《れんげめんきょう》

著　者　仁科　龍
発行者　宮田哲男
発行所　株式会社 雄山閣
〒102-0071　東京都千代田区富士見2-6-9
TEL　03-3262-3231 / FAX　03-3262-6938
URL　http://www.yuzankaku.co.jp
e-mail　info@yuzankaku.co.jp
振　替：00130-5-1685
印刷・製本　株式会社ティーケー出版印刷

ISBN978-4-639-02459-0 C0015
N.D.C.183　182p　19cm